Royal Horticultural Society

UN POTAGER SUR LE BALCON

Royal Horticultural Society

UN POTAGER SUR LE BALCON

30 PROJETS PAS-À-PAS POUR CULTIVER SES FRUITS, LÉGUMES ET HERBES AROMATIQUES, MÊME SANS JARDIN

Kay Maguire

Photographies de Steven Wooster

MARABOUT

Publié pour la première fois en Grande-Bretagne
en 2013 sous le titre *RHS Grow Your Own Crops In Pots*
par Mitchell Beazley, une division de Octopus Publishing
Group Ltd, Endeavour House, 189 Shaftesbury Avenue,
London WC2H 8JY
www.octopusbooks.co.uk
Une société Hachette UK - www.hachette.co.uk

Publié en association avec The Royal Horticultural Society

Traduction de l'anglais : Catherine Bricout

www.marabout.com

Hachette Livre, département Marabout
58, rue Jean Bleuzen - 92178 Vanves Cedex

73-33-638 / 01
ISBN 978-2-501-12130-9
Dépôt légal : février 2017
Imprimé en Italie par Stige

Sommaire

Les fruits et les fleurs de ce fraisier montrent que les cultures en pot peuvent être aussi décoratives que savoureuses.

La révolution des cultures maison

Faites pousser de délicieux fruits et légumes

Kay Maguire : « Vos cultures vous procureront santé, bonheur et amusement. »

Ces dernières années, les cultures à domicile ont connu un regain de popularité, suscité par les changements climatiques, le coût croissant des aliments, l'« empreinte carbone » des importations de nourriture et le simple désir de denrées « authentiques », fraîches et saines à portée de main.

Ce n'est probablement pas un hasard si cette tendance apparaît dans un contexte de crise économique mondiale. Même si ces cultures ne règlent pas vos problèmes financiers, tous les jardiniers vous diront que leur activité est source de bien-être physique et mental. Si l'on ajoute la distraction, la satisfaction et le plaisir pur de savourer le fruit de ses efforts, rien d'étonnant à ce que tant de gens s'y mettent.

Et je ne crois pas que ce phénomène soit passager. Outre les raisons financières, écologiques ou gourmandes qui ont favorisé les cultures « maison », l'intérêt des jardiniers en fait la pérennité. En effet, une fois qu'on a goûté à ce passe-temps, on ne peut plus s'en passer !

J'ai commencé à cultiver des fruits et légumes à la fin des années 1970, dans un jardin ouvrier avec mon papa et, trente ans plus tard, nous continuons tous les deux. Il n'y a tout bonnement aucune comparaison entre les aliments sous plastique des supermarchés et ce que vous

Les potées d'aromatiques et de salades à couper sont faciles à entretenir et se développent rapidement. Elles sont idéales pour débuter.

Le figuier se porte presque mieux en pot que lorsqu'il est cultivé en pleine terre car la compression de ses racines favorise la fructification.

avez vous-même semé, nourri et soigné. Les produits sont frais, sains, exempts de traitements chimiques et savoureux.

La culture en pot permet à tout un chacun de se lancer et c'est dans les villes que les jardiniers ont été les plus nombreux à exploiter le moindre espace. Les zones urbaines jouissent généralement de microclimats protégés et d'une bonne exposition au soleil – l'idéal pour les fruits et légumes. Il suffit d'un rebord de fenêtre ou d'un petit espace qui accueille quelques pots, balconnières, suspensions ou corbeilles murales. Inutile d'avoir un jardin : une terrasse, un balcon ou un patio font l'affaire.

Chaque pot étant garni d'un terreau particulier, vous pouvez tenter des cultures qui seraient plus délicates en pleine terre. Par exemple, des carottes prospéreront dans la terre légère qui leur convient, sans la contrainte d'une terre de jardin parfois lourde et rocailleuse. Dans un pot, vous contiendrez l'expansion de plantes envahissantes comme la menthe ou le raifort et pourrez rentrer les plantes gélives telles que les agrumes pour les protéger du froid en hiver.

Les plantes en pot sont aussi très décoratives dans un patio ou près d'une porte. Les haricots, les bettes à cardes et la rhubarbe se révèlent particulièrement séduisants et les laitues

Les tomates sont cultivées en pot depuis longtemps, mais ces plantes gourmandes demandent une attention permanente.

Les carottes prospèrent en pot car elles bénéficient du substrat fin et léger qui leur est indispensable.

déclinent une large palette de couleurs et de textures. Les plantes comestibles alliées à des plantes ornementales créent également de très belles potées. Vous éviterez en outre les problèmes liés à la monoculture en attirant des insectes utiles par la diversité des fleurs appétissantes.

Ce livre vous prodiguera tous les conseils et informations nécessaires sur la culture en pot de fruits, légumes, herbes aromatiques et fleurs comestibles, des semis à la récolte : taille des pots, terreaux, engrais et variétés adaptées aux pots. N'hésitez donc pas à tenter l'aventure. Par chance, la plupart des plantes ne demandent guère plus de soins qu'une fertilisation et des arrosages réguliers.

Commencez par votre péché mignon, que ce soit des fraises ou des petits pois, puis variez les plaisirs l'année suivante avec des courges, des haricots à écosser ou des choux chinois. Vous découvrirez bientôt le plaisir et la grande satisfaction des cultures comestibles, qui pourraient bien changer votre vie.

Des plantes cultivées simplement pour leurs feuilles comestibles composent de superbes potées de textures variées dans des contenants bien choisis.

Techniques & outils

La planification, clé d'une récolte réussie

Avant de vous lancer, réfléchissez aux espèces qui vous intéressent. Procurez-leur l'emplacement idéal : la plupart exigent de la chaleur, de la lumière et une situation abritée. Protégez les plantes cultivées en pot du vent desséchant. Si possible, plantez en place car les pots emplis de terreau, même petits, sont lourds à déplacer.

Vérifiez que la taille du contenant suffit à la culture, en sachant que plus le pot est petit, plus le besoin d'eau et de nutriments est grand. Les plantes à enracinement rapide et superficiel comme les salades prospèrent en sac de culture ou en suspension. La majorité des espèces exige un pot de 30 cm de profondeur et de largeur au minimum ; les arbres fruitiers et les plantes telles que la rhubarbe demandent des pots de 90 cm, voire plus. Il existe des centaines de jolis pots de tous styles ; évaluez la taille, la forme, le poids et le matériau avant de faire votre choix.

La terre cuite. Beau et classique, le pot en terre est lourd et stable, une qualité pour les plantes volumineuses et hautes, mais une gêne quand on le rentre à l'abri pour l'hiver. La terre cuite, poreuse, se dessèche rapidement, et elle ne protège pas du gel, sauf mention contraire. La terre cuite vernissée est un peu plus résistante.

Les pots en terre cuite ont belle allure, mais il est prudent de les tapisser de film à bulles pour limiter le dessèchement du terreau et isoler les racines en hiver.

Le plastique et la fibre de verre. Ces matériaux sont bon marché, résistants et retiennent bien l'eau. Légers, les pots sont faciles à déplacer.

Le métal. Il apporte une touche moderne ou un côté rétro selon le style. Il est résistant, léger (hormis le plomb) et retient bien l'eau. Il est froid en hiver et chaud en été, et finit par rouiller ; isolez et protégez l'intérieur des parois avec du carton ou du film à bulles avant de planter.

Le bois. Il est léger et robuste, mais doit être tapissé de plastique pour prévenir le pourrissement.

Les suspensions, jardinières et balconnières. Elles sont parfaites pour une exploitation optimale des espaces verticaux et contiennent des plantes plus volumineuses qu'on ne l'imagine.

Les contenants recyclés. Vieux éviers, bidons d'huile d'olive, anciennes caisses, seaux… la liste est sans fin. Tout contenant assez grand et robuste, doté de trous pour évacuer l'eau, peut accueillir vos cultures. Au besoin, percez vous-même les trous de drainage.

Les sacs de culture. Cette solution peu coûteuse est idéale pour les plantes à racines superficielles.

Diverses cultures prospéreront dans toutes sortes de contenants : jardinières en bois, sacs de culture ou bacs en plastique. Vérifiez simplement avant de planter que les trous de drainage sont suffisants.

Les essentiels de la culture en pot

- Pots
- Terreau de rempotage
- Matériau de drainage
- Matériau de paillage
- Transplantoir et fourche à fleurs
- Arrosoir ou tuyau, et pomme d'arrosage
- Sécateur
- Tuteurs, cannes, brindilles
- Ficelle
- Cloches, voile d'hivernage, filet
- Si vous manquez de temps, êtes souvent absent ou simplement à la tête de nombreux pots, investissez dans un système d'arrosage automatique ou de goutte-à-goutte.

Des additifs au support de culture sont souvent bénéfiques. La perlite (au centre) et la vermiculite (à droite) améliorent le drainage pour les plantes appréciant un sol léger.

Utilisez toujours du terreau de rempotage frais pour les semis ou le rempotage. Le recyclage d'un vieux terreau peut créer des problèmes car il recèle souvent des maladies.

Lors d'un rempotage, il est bon d'ajouter un engrais à libération lente qui nourrit les plantes quand elles ont épuisé les nutriments originels du terreau.

Un paillis de gravier ou de galets prévient le pourrissement du collet de ces aromatiques en les isolant de l'humidité.

Les terreaux de rempotage

Le meilleur que vous puissiez offrir à vos cultures est un terreau de rempotage de bonne qualité. Le terreau universel sans terre est un support parfaitement adapté à la plupart des cultures, mais la qualité est variable – ne choisissez pas le moins cher. Léger et bien drainant, le terreau universel se dessèche rapidement et peut être difficile à ré-humidifier.

Si vous cultivez des plantes hautes ou d'une longévité supérieure à une année, optez pour un terreau pour plantes en bac, ou terreau pour balcon, plus lourd et plus stable qu'un mélange sans terre et qui retient mieux l'eau ainsi que les nutriments. Il existe aussi des terreaux spécialisés : à base de tourbe pour les myrtilles, ou spécial agrumes par exemple. Évitez d'utiliser de la terre de jardin ordinaire car elle risque d'abriter des ravageurs et des maladies.

Vous devrez peut-être ajouter de la perlite ou du sable horticole au terreau pour améliorer le drainage. Pour donner un bon départ aux plantes, incorporez aussi lors de la plantation un engrais à libération lente en granulés, du compost de jardin ou du fumier ainsi qu'un stimulant d'enracinement. Un gel hydrorétenteur ralentira le dessèchement du terreau, mais n'en abusez pas sous peine d'engorgement. Les vieux pots sont souvent utiles dans des contenants plus grands. Ils demandent moins de terreau et sont donc plus économiques et plus légers à déplacer.

Les engrais

Si vous n'ajoutez pas d'engrais à libération lente à la plantation, les nutriments du terreau de rempotage seront épuisés en six semaines. Il faudra alors fertiliser, avec un engrais sec en surface ou bien un engrais liquide. Un engrais universel profite à toutes les cultures, mais un engrais riche en potassium optimise la fructification. Il existe des engrais chimiques tels que l'engrais liquide pour tomates, mais les engrais organiques, généralement à base d'algues ou de consoude, s'avèrent aussi très complets. Vous pouvez également incorporer des feuilles de consoude au moment de la plantation ou préparer celles-ci en purin, en laissant macérer des feuilles fraîches dans un seau d'eau pendant quelques semaines.

Les matériaux de drainage

Un bon drainage est vital. L'eau doit pouvoir s'évacuer librement. Tapissez le fond du pot d'une belle couche de matériau de drainage : tessons de terre cuite, pierres, gravier, fragments de polystyrène. Disposez-les sur les trous de drainage au fond du pot pour éviter toute obstruction par les racines ou le terreau. Surélevez les pots sur des pieds, des briques ou des cales de bois pour favoriser l'évacuation de l'eau, notamment par temps humide.

Les paillis

Le paillis est un élément essentiel de la culture en pot. Simple couche de matériau étalée en surface, il réduit l'évaporation, constitue une barrière contre les mauvaises herbes et les ravageurs, évite le tassement du terreau et isole les racines du froid. Il peut aussi réfléchir ou absorber la lumière et la chaleur, selon sa couleur. Vous pouvez choisir de l'ardoise, des galets, des morceaux de coquillages, des perles de verre... Le paillis idéal nourrit aussi les cultures en se décomposant : écorce, fumier bien décomposé, compost maison ou terreau de feuilles.

Les cultures comestibles sont également décoratives. Ce poivron soutient facilement la comparaison avec la Suzanne-aux-yeux-noirs (*Thunbergia alata*).

Choisir et acheter des graines ou des plantes

Des centaines de variétés sont sélectionnées spécifiquement pour la culture en pot. Elles sont destinées à rester compactes et buissonnantes. Quasiment tous les fruits, légumes ou plantes aromatiques proposent au moins une variété pour culture en pot, sans compter tous les types de poivrons, tomates, courges, pois et haricots. Ces variétés augmenteront vos chances de réussite, mais rien ne vous oblige à vous y cantonner.

Choisissez des variétés qui ne sont pas trop vigoureuses et, en région tempérée fraîche, privilégiez des variétés à récolte rapide ou précoce – précaution indispensable pour des légumes comme les tomates et les aubergines qui demandent une longue saison de végétation et pâtiraient d'un été court en extérieur.

Cultures dérobées et intercalaires

Chaque plante ayant son propre rythme de croissance, vous pouvez tirer le meilleur parti de l'espace disponible dans vos pots en semant des plantes à croissance rapide sur des zones dénudées. Semez les cultures intercalaires en même temps que des espèces à croissance lente comme les haricots ou les oignons et récoltez-les en attendant. Ou bien installez des cultures dérobées dans les espaces libérés par la récolte d'autres espèces. Semez des rangs entiers ou juste quelques graines quand des vides se forment.

- Betterave
- Carotte
- Bette à cardes
- Laitues et salades
- Radis
- Épinard
- Oignon nouveau

En ce qui concerne les arbres fruitiers, optez pour des porte-greffes nanifiants, sinon ils ne survivront pas en pot.

Après avoir choisi les variétés, achetez toujours les graines et les plantes de la meilleure qualité, sans chercher à l'économie. Les graines et les plantules biologiques sont très répandues, mais pensez aussi aux variétés anciennes. La plupart d'entre elles ont un long passé de culture et sont généralement plus intéressantes et savoureuses que les variétés courantes. Ce sont aussi des variétés à pollinisation libre, donc idéales pour tenter une récolte de graines si vous le souhaitez (voir p. 31).

Les radis sont parfaits en culture intercalaire ou dérobée. Ils arrivent rapidement à maturité, en six semaines à peine.

Chez la plupart des espèces, au moins une variété prospère en contenant, si ce n'est plusieurs. Ici, du basilic pourpre, de l'origan panaché et de la feuille de chêne rouge.

Pour acheter un arbre fruitier, cherchez une pépinière qui propose des variétés régionales. Un arbre élevé dans l'environnement local est plus sain et se développe mieux. Autrement, visitez une pépinière spécialisée où vous obtiendrez des conseils sur la culture en pot, les meilleurs porte-greffes et les types d'arbres.

À ne pas cultiver en pot

Quelques espèces ne s'épanouissent qu'en pleine terre. Des vivaces comme le topinambour et l'artichaut s'avèrent trop volumineuses et trop gourmandes, même pour les plus grands bacs, et une espèce comme l'asperge, dont la récolte demande des années de patience, offrirait un rendement ridicule en pot.

La majorité des crucifères exige un sol ferme pour conserver une bonne stabilité et former un cœur correct, ce que fournit difficilement un pot ; de plus, leur croissance est lente. Si vous disposez d'un espace dégagé dans votre jardin, consacrez-le à ces belles plantes.

Recherchez des arbres fruitiers sains et robustes. Ils représentent un investissement mais vous accompagneront longtemps.

Aider les cultures à s'établir

Si vous n'avez pas le temps, l'espace ni le goût des semis, ou avez simplement manqué l'occasion, vous trouverez facilement de jeunes plants ou plantules, ou des plantes plus avancées prêtes à repiquer. Même si le choix des variétés est moindre par rapport aux graines, les plantes sont généralement disponibles à partir du printemps. Vous disposerez d'un choix plus vaste en pépinière spécialisée que dans votre jardinerie locale.

Endurcissez les légumes gélifs avant de les sortir définitivement, quand tout risque de gel a disparu. Acclimatez-les sur une semaine : placez-les à l'extérieur pendant la journée et rentrez-les pour la nuit afin qu'ils s'habituent peu à peu au milieu extérieur. Repiquez-les le matin afin qu'ils jouissent de toute une journée pour s'installer. Empotez vos achats dès leur arrivée, sinon arrosez-les bien en attendant.

Les tomates, issues de semis ou d'une pépinière, commenceront leur croissance en intérieur avant d'être installées dehors.

Installer de jeunes plants

1 Arrosez les plantes dans leur pot d'origine.
2 Tapissez le fond du pot de matériau de drainage (voir p. 15) et ajoutez du terreau de rempotage (voir p. 14), juste en dessous de la profondeur nécessaire aux nouvelles plantes. Incorporez du sable horticole si le drainage le nécessite ou un engrais à libération lente.
3 S'il y a plusieurs plants dans le même pot, démêlez leurs racines et plantez-les individuellement. Tassez délicatement le terreau au fur et à mesure. Laissez 2 cm entre le haut du terreau et le bord du pot pour faciliter l'arrosage.
4 Paillez avec du gravier ou de la matière organique et arrosez bien. Installez les systèmes de lutte contre les escargots et les limaces (voir p. 32-34).

Semer en pot directement en extérieur

La plupart des cultures peuvent être semées directement en extérieur, normalement en début de printemps quand le temps se réchauffe. C'est le plus simple, le plus économique et généralement le plus efficace pour démarrer la majorité des légumes et nombre d'aromatiques.
1 Émiettez le terreau, à la main ou au râteau à main.
2 Arrosez le terreau pour éviter de lessiver les petites graines ultérieurement et encourager la germination.

La plupart des plantules, comme ces épinards, doivent être éclaircies. Des plantes trop tassées sont faibles et sujettes à des maladies.

3 Tracez un sillon ou creusez des trous avec un plantoir.
4 Semez clair des pincées de graines dans le sillon. Placez les grosses graines individuellement dans les trous.
5 Maintenez le terreau humide pendant la germination.
6 Éclaircissez les plantules pour leur donner de l'espace. Éclaircissez-les à leur espacement définitif quand elles atteignent 3 cm de haut.

Démarrer les graines en intérieur

Semez en intérieur des plantes comme les tomates et les aubergines si votre climat ne leur fournit pas les étés longs et chauds qui leur sont indispensables. En partant de semis, vous bénéficierez d'un vaste choix de variétés de graines. Vous prendrez aussi de l'avance avec les cultures plus frileuses qui ne peuvent être semées en extérieur que plus tard dans la saison, comme les haricots ou les courgettes.

L'équipement nécessaire est assez limité. Une mini-serre s'avère pratique, mais un rebord de fenêtre chaud et ensoleillé fait l'affaire. N'importe quel petit pot (pourvu de trous de drainage) peut servir, y compris les pots de yaourt, ou vous les confectionnerez avec du papier journal ou des tubes de rouleau de papier. Les caissettes compartimentées ont le mérite d'éviter l'éclaircissage, chaque alvéole accueillant une graine. Elles sont idéales pour la coriandre ou les pois dont les racines ne doivent pas être dérangées.

Un rebord de fenêtre chaud et bien éclairé est idéal pour démarrer nombre de plantules et jeunes plants.

1 Emplissez les pots ou la caissette alvéolée de terreau de rempotage et tapotez-les sur une surface dure pour tasser.
2 Arrosez le terreau avec une pomme fine.
3 Semez clair en surface ou enfoncez chaque graine dans un petit trou. Suivez les instructions de profondeur de semis et de milieu de germination indiquées sur le sachet de graines.
4 Couvrez le contenant de film étirable ou d'un sac en plastique transparent fermé.
5 Placez le contenant sur un rebord de fenêtre chaud et ensoleillé et maintenez le terreau humide le temps de la germination.
6 Retirez le plastique dès que les plantules lèvent.
7 Quand les premières vraies feuilles se développent, transférez les plantules dans des pots individuels plus grands. Manipulez-les par les feuilles plutôt que par la tige et enterrez chacune jusqu'aux premières vraies feuilles.
8 Rempotez dans des pots plus grands quelques semaines plus tard.
9 Quand les gelées sont passées, endurcissez les plantes puis repiquez-les dans leurs contenants définitifs.

Planter un arbre fruitier

Choisissez un pot assez grand (deux tailles de plus que le pot d'origine) car l'arbre y séjournera longtemps. Un pot de 40 cm de diamètre est un bon début, sachant que l'arbre devra être rempoté dans un pot plus grand d'ici deux ou trois ans. Si l'arbre est à racines nues, vérifiez que les racines disposent d'assez d'espace pour s'étaler.

1 Baignez les arbres pour bien les abreuver avant la plantation.
2 Tapissez le fond du pot de matériau de drainage (voir p. 15). Ajoutez un lit de terreau pour balcon et évaluez la profondeur. Le tronc de l'arbre doit présenter une trace de terre qui vous indiquera sa profondeur de plantation précédente.
3 Plantez l'arbre à cette profondeur en laissant 3 à 4 cm entre la surface du terreau et le bord du pot.

Ce pêcher sur tige devra être rempoté dans un pot toujours plus grand à intervalles réguliers au fil de sa croissance, jusqu'à un pot définitif de 60 cm de diamètre.

4 Comblez l'espace autour des racines avec du terreau et tassez délicatement pour stabiliser l'arbre dans le pot.
5 Si l'arbre doit être tuteuré, choisissez un tuteur court. Il doit stabiliser les racines contre le vent sans empêcher l'arbre de se courber. Enfoncez les deux tiers du tuteur et liez-le à l'arbre sans serrer.
6 Arrosez copieusement et paillez.

Nourrir et protéger les cultures

Les plantes en pot exigent plus d'attention que celles de pleine terre. Elles vivent d'une quantité limitée d'eau et de nourriture et dépendent de vous pour le complément indispensable. Des plantes satisfaites prospéreront, mais elles demanderont quelques soins supplémentaires de temps à autre : certaines doivent être taillées ou liées à des supports, d'autres sont à protéger contre les ravageurs ou à déplacer vers un endroit abrité.

Aucune tâche ne sera pénible. Le grand charme de la culture en pot est de se situer à une petite échelle. Répondez aux besoins de vos plantes, cela suffira à faire toute la différence au moment de la récolte.

Soyez vigilant. Pendant les mois de croissance estivale, inspectez les pots tous les jours, parfois à deux reprises. Une flânerie paisible le matin, ou avec une boisson fraîche à la main le soir, est toutefois un prix agréable à payer pour la bonne santé de vos plantes. Cette routine vous permettra de ne rien laisser passer (feuilles flétries, chenille dévoreuse ou fruits prêts à être cueillis) et vous épargnera du temps ainsi que de la peine à long terme.

L'arrosage

Retenez que l'arrosage est la principale activité de la culture en pot. Ne partez jamais du principe que la dernière averse a fait votre travail, surtout si vos contenants sont abrités par un mur ou une clôture. Simplifiez-vous la vie : installez vos pots à proximité d'un robinet et investissez dans un tuyau d'arrosage correct. Les allées et venues avec un arrosoir deviennent vite une corvée, même dans un petit espace. Équipez le tuyau d'un pistolet pulvérisateur ou votre arrosoir d'une pomme pour éviter de compacter le terreau. Si vous prévoyez de nombreuses cultures en pot, investissez dans un système d'irrigation convenable.

L'arrosage sera votre tâche essentielle au cours des mois d'été : des plantes comme les tomates demandent un apport d'eau quotidien. Arrosez tôt le matin ou en soirée.

La fertilisation

Elle est presque aussi importante que l'arrosage et chaque culture a des besoins spécifiques. La plupart des plantes demandent une fertilisation régulière pendant les saisons de végétation et de fructification.

Après l'épuisement des ressources du terreau, c'est à vous de fournir les nutriments. La méthode la plus simple est de toujours fertiliser vos cultures le même jour de la semaine. Ce moment fera bientôt partie intégrante de votre routine et vous n'oublierez jamais.

Une fertilisation régulière est vitale pour la santé, la vigueur et la productivité des plantes. Utilisez des engrais prêts à l'emploi ou préparez du purin de consoude (voir p. 15).

L'entretien des cultures

Même s'ils semblent fastidieux, les soins réguliers augmentent le rendement des cultures et garantissent leur santé. Pincer régulièrement les herbes aromatiques et récolter les feuilles stimule la production de jeunes pousses buissonnantes, et la suppression systématique des fleurs comestibles fanées assure leur renouvellement.

Tuteurez les plantes hautes comme les haricots, les pois, les concombres et la vigne, et guidez les fruitiers le long de tipis, obélisques et cannes de bambou. Taillez au moins une fois par an les arbres et arbustes fruitiers pour entretenir leur port, stimuler la fructification, les protéger des maladies et allonger leur durée de vie.

Installez les menthes dans des pots individuels plutôt que de les associer à d'autres plantes qu'elles risqueraient d'étouffer.

Préparez vos vacances

Avant de vous absenter :

- Regroupez les pots à l'ombre pour augmenter l'humidité ambiante.
- Placez de grandes soucoupes sous tous les pots et emplissez-les d'eau.
- Paillez les plantes, si ce n'est déjà fait, pour réduire l'évaporation.
- Si vous ne partez que quelques jours, confectionnez un goutte-à-goutte. Percez un petit trou dans la capsule d'une petite bouteille d'eau pleine. Enterrez la bouteille, le goulot dans le terreau. L'eau s'écoulera lentement dans le substrat.
- Offrez-vous une folie et investissez dans un système d'arrosage automatique.
- Demandez à des amis ou à la famille de veiller sur vos plantes en votre absence.

La pollinisation

Quelques cultures bénéficieront d'une aide à la pollinisation. Certains arbres fruitiers (pêchers, pruniers) risquent d'être en fleurs alors que les pollinisateurs sont rares. Transférez alors le pollen de fleur en fleur à l'aide d'un petit pinceau frotté

Ci-dessus : précieuses, les abeilles pollinisent les fleurs au printemps et en été, ici une fleur de framboisier.

Ci-contre : regroupez les pots. Ainsi, les plantes se procurent de l'ombre mutuellement et le taux d'humidité s'élève.

Si les insectes se font rares ou si le lieu est venteux, favorisez la pollinisation de plantes comme l'aubergine en brossant délicatement les fleurs avec un petit pinceau.

Protégez des oiseaux les plantes fructifères comme les fraisiers en installant un filet à mailles en losange. Posez-le sur des arceaux, bien tendu pour ne pas piéger les oiseaux.

délicatement sur les étamines. Le maïs doux, pollinisé par le vent, mérite une petite tape sur ses inflorescences sommitales pour éparpiller le pollen sur les fleurs inférieures. Reportez-vous aux pages indiquées pour les plantes qui suivent.

Aubergine : brossez les fleurs (voir p. 82).

Piment et poivron : brossez soigneusement les fleurs (voir p. 83).

Prunier : frottez les fleurs avec un pinceau (voir p. 53).

Haricot grimpant : brumisez les fleurs pour les aider à monter en graine (voir p. 118).

Fraisier : frottez délicatement les fleurs avec un pinceau (voir p. 70).

Tomate : secouez ou brumisez les fleurs pour transférer le pollen (voir p. 76).

Le rempotage

Les plantes vivaces doivent être transplantées tous les deux ou trois ans dans des pots plus grands garnis de terreau frais. Si possible, passez à la taille de pot supérieure. Quand elles ont atteint la taille maximale de pot (généralement 50 à 60 cm de diamètre), taillez simplement les racines avant de les rempoter dans le même pot, dans du terreau frais. Les années sans rempotage, retirez 5 cm de terreau en surface et remplacez-le par du terreau frais.

Un environnement de croissance optimal

Assurez ensuite à vos plantes une croissance dans un environnement aussi salubre que possible. Un paillis de 5 cm d'épaisseur protège des ravageurs et des maladies. Dressez des barrières contre les attaques des oiseaux ou des insectes, dont les chenilles et les coléoptères, ou même des souris (voir p. 32 à 35).

Pour encourager la présence d'insectes utiles et de prédateurs naturels, diversifiez les espèces

Ce contenant industriel fait un massif surélevé parfait, assez large et profond pour accueillir toute une gamme de légumes.

Ci-dessus, à gauche : les coccinelles sont précieuses dans le jardin et nos principaux auxiliaires contre les pucerons.

Ci-dessus, à droite : un nichoir aide à attirer les oiseaux.

cultivées. Regroupez des potées de plantes différentes et associez des pots de cultures diverses dans de grands contenants. Le mélange des aromatiques, fleurs et plantes compagnes avec les fruits et légumes attire des pollinisateurs comme les abeilles et des insectes utiles tels que les coccinelles, les syrphes et les chrysopes (voir encadré ci-contre). Ces associations sont plus faciles à organiser avec des pots que dans un potager classique où les plantes sont cultivées en rangs ou en carrés d'une seule espèce. La diversité génère l'équilibre, et si vous pouvez introduire des plantes bénéfiques, tant mieux !

La proximité d'un plan d'eau, même tout petit, attire également les oiseaux et les insectes, voire les grenouilles et les crapauds si vous avez de la chance. Une baignoire pour oiseaux est bienvenue, mais une grande cocotte émaillée emplie d'eau, avec deux ou trois plantes aquatiques, peut attirer des visiteurs d'une efficacité étonnante contre les ravageurs.

Les plantes compagnes

Certaines plantes ont une influence bénéfique sur d'autres. Ces plantes compagnes attirent des insectes utiles, repoussent ou dissuadent les ravageurs en masquant l'odeur de la plante hôte ou même se sacrifient en attirant les nuisibles à l'écart d'une culture voisine.

Les plantes compagnes essentielles

Le basilic : ses feuilles répulsives protègent les tomates des pucerons.
L'œillet d'Inde (*Tagetes*) : il écarte les pucerons des haricots et les aleurodes des tomates.
L'ail chinois : son parfum puissant protège la carotte de la mouche de la carotte et repousse les pucerons des framboisiers.
La lavande : les pollinisateurs l'adorent et son parfum puissant perturbe les ravageurs.
La capucine (*Nasturtium*) : elle écarte les pucerons des haricots et attire les insectes utiles.
La coriandre : son parfum repousse les pucerons et la mouche de la carotte.
La bourrache : elle écarte le sphinx de la tomate et attire irrésistiblement les pollinisateurs.

Des plantes fleuries plantées parmi des cultures comestibles et autour attireront des insectes utiles.

La protection contre les intempéries

En cas de grosses chaleurs, regroupez les pots à l'ombre. Les plantes sont aussi plus sensibles au froid en pot qu'en pleine terre. Si de fortes gelées sont prévues, isolez les racines en enveloppant les pots de film à bulles ou de sacs en toile de jute bourrés de paille. Un paillis évite aussi que les racines ne gèlent. Enfouissez les pots en terre si vous avez de l'espace. Transférez les plantes gélives dans un endroit hors gel, regroupez les pots et enveloppez chaque plante de film horticole ou de voilage. Par temps très humide, transférez les pots sous abri et retirez les soucoupes pour éviter une saturation du terreau. Surélevez les pots sur des pieds ou des blocs de bois pour que l'excédent d'eau s'écoule.

L'arrosage sans peine

L'arrosage est l'un des aspects les plus astreignants de la culture en pot. Les plantes ne jouissent que d'une quantité limitée de terre et l'apport d'eau a un impact direct sur la qualité et l'abondance des récoltes. Surveillez soigneusement vos pots, notamment durant les étés chauds et à des moments cruciaux, un arrosage quotidien étant par exemple indispensable pendant la fructification. Vous pouvez toutefois faire le meilleur usage de l'eau, sans gaspiller ni votre temps ni cette ressource précieuse.

De multiples techniques aident à conserver l'eau. Choisissez le contenant le plus grand possible : 30 à 40 cm de diamètre et de profondeur est l'idéal. Les pots en plastique retiennent mieux l'eau que ceux en terre cuite, plus poreux. Améliorez la capacité de rétention d'eau de ceux-ci en appliquant un produit d'étanchéité ou en les tapissant de plastique. Utilisez un terreau pour balcon pour les cultures à long terme (par exemple les fruitiers) et les plantes gourmandes en eau (comme les tomates) ; les terreaux universels, notamment à base de tourbe, se drainent bien. Avant de planter, mélangez un gel hydrorétenteur au terreau pour conserver l'humidité plus longtemps, sans forcer sur les quantités. Un excès de gel peut repousser les plantes hors de leur pot et provoquer un engorgement. Enfin, après la plantation, appliquez un paillis. Une couche de 5 cm de galets, de gravier ou de matière organique réduit sensiblement l'évaporation dans la couche supérieure de terreau et limite les problèmes dus à la sécheresse.

Lors du choix des espèces, rappelez-vous que certaines plantes sont plus gourmandes en eau que d'autres. Les légumes-feuilles (salade, etc.) et les plantes fructifères (tomate, courgette…) exigent beaucoup d'eau, alors que l'oignon, l'ail et l'échalote sont moins demandeurs.

Recueillez et conservez autant que possible l'eau de pluie des gouttières de la maison et des dépendances et simplifiez l'arrosage avec un système d'irrigation goutte à goutte si vos plantations sont nombreuses. Ce système irrigue précisément là où la plante en a besoin et imbibe progressivement le terreau sans débordement ni déperdition. Il économise du temps et évite de transporter des arrosoirs ou un tuyau.

Un arrosage optimal

- Vérifiez quotidiennement le taux d'humidité de vos pots pendant la saison de végétation.
- N'arrosez pas trop ; maintenez l'humidité du terreau sans saturation. Soyez régulier : évitez d'inonder les pots et de les soumettre ensuite à la sécheresse. Arrosez donc peu mais souvent.
- Regroupez les pots pour créer une ombre réciproque bienfaisante.
- Arrosez toujours dans la soirée ou tôt le matin afin que l'eau atteigne les racines au lieu de s'évaporer. Rappelez-vous qu'un arrosage plus tardif peut attirer les limaces et les escargots sur les plantes vulnérables, notamment les plantules.
- Supprimez immédiatement les mauvaises herbes qui apparaissent.
- Pour les plantes très assoiffées à racines profondes, comme les tomates, enfoncez le goulot d'une bouteille en plastique dans le terreau, le fond coupé, et arrosez dans la bouteille. L'eau sera dirigée là où elle est nécessaire.

Un système d'irrigation goutte à goutte est précieux si vous avez de nombreux pots ou simplement pour vous épargner le temps et la peine de l'arrosage.

Recueillez toute l'eau de pluie possible dans le jardin. Quelques réservoirs vous éviteront de transporter des arrosoirs sur de trop longues distances entre les contenants.

L'arrosage sans pomme d'arrosoir canalise l'eau directement vers les racines.

Mieux vaut arroser le matin, avant que le soleil ne fasse évaporer l'eau. Les plantes seront revigorées pour la journée.

Récolter et conserver

Le temps écoulé entre le semis et la récolte dépend de la variété, du temps et du lieu de culture, mais si vous estimez qu'un fruit ou un légume est prêt, pourquoi ne pas vérifier ? La récolte permet de profiter de la pleine maturité et d'encourager la poursuite de la production. Quelques légumes-racines (carotte, panais) et la plupart des agrumes peuvent rester en terre ou sur l'arbre jusqu'au moment de les utiliser.

Rien ne vaut la saveur des produits frais du jardin et c'est sans aucun doute le plus grand plaisir de la culture. Mais face à une surabondance, il serait dommage de gaspiller le fruit de vos efforts. En règle générale, les fruits, les légumes et les plantes aromatiques se conservent quelques jours au réfrigérateur. Par ailleurs, tout ce que vous cultivez peut être congelé, séché, stocké ou encore confit au vinaigre, selon les variétés. Vous trouverez plus loin des conseils pour chaque type de culture (voir p. 40 à 169). Si vous vous organisez bien, vous dégusterez de délicieux produits issus de vos potées tout au long de l'année.

Les tomates mûres ne souffrent pas de rester sur la plante en attendant que vous les cueilliez.

Les myrtilles mûrissent à des rythmes différents. Vérifiez leur stade de maturation et cueillez souvent.

Collecter et conserver les graines

Même si la plupart des graines sont bon marché, les coûts s'additionnent. Alors, pourquoi ne pas récolter et conserver vos propres graines ? Par ailleurs, la satisfaction de boucler la boucle, en semant, en récoltant et en semant de nouveau, est plus gratifiante que le gain financier. Vous pouvez également faire des échanges avec vos proches ou *via* des sites Internet spécialisés.

Les résultats des semis seront toutefois moins prévisibles qu'avec des graines du commerce. Par exemple, les graines d'hybrides F1 sont parfois délicates et deviner ce qu'on obtiendra relève du pari, si tant est qu'on obtienne un résultat. Les graines de variétés anciennes et d'autres hybrides s'avèrent plus fiables et méritent d'être récoltées. Parmi les plus intéressantes figurent : haricot, potiron et courges, tomate, coriandre, fenouil et salade.

- Récoltez les graines par temps sec, uniquement sur des plantes saines.
- Prélevez toute l'inflorescence et mettez-la dans un sac en papier.
- Faites sécher dans un lieu sec et aéré, ou sur un rebord de fenêtre, avant d'extraire les graines.
- Retirez les débris qui accompagnent les graines, puis conservez celles-ci dans un récipient hermétique, dans un endroit frais et sec. Préférez les ranger dans le réfrigérateur plutôt que dans un placard de cuisine.
- Étiquetez et datez les graines.
- Nettoyez les graines des fruits charnus comme les tomates : passez-les à la passoire et rincez pour séparer la pulpe des graines. Laissez-les sécher avant de les entreposer.

Coupez les inflorescences entières de la coriandre. Laissez-les sécher dans un sac en papier, puis frottez pour récupérer les graines.

Ci-contre : en fin de saison, laissez quelques haricots sur la plante, où ils sécheront. Récupérez les graines avant les gelées.

Les problèmes courants

La culture en pot pose un défi très particulier : élever des plantes dans un espace limité et porter une attention scrupuleuse à l'arrosage et à la fertilisation. Si vous comprenez bien les règles, vous obtiendrez des plantes robustes, saines et productives, moins vulnérables et plus aptes à se défendre par elles-mêmes en cas d'attaque.

Accordez à vos cultures l'espace qui leur est indispensable : résistez à la tentation de plantations trop denses. Veillez à arroser copieusement, mais sans excès car un terreau détrempé est source de problèmes. Fertilisez une fois par semaine pendant la saison de végétation. Une couche de paillis de 5 cm d'épaisseur participera à la santé de vos plantes.

Limaces et escargots peuvent dévaster les plantules et les jeunes plantes. Assurez donc une protection permanente.

Quand vous maîtriserez ces tactiques culturales, mettez en place toutes les mesures de protection possibles. Des barrières dissuasives comme les filets et les films sont d'une efficacité remarquable, tout comme l'élimination à la main des insectes ravageurs dès que vous les repérez. Posez du grillage à maillage fin ou installez des plantes épineuses comme le houx au-dessus des pots de semis ou de plantes récemment germées pour écarter les écureuils et les souris.

Il existe quelques traitements chimiques mais ils risquent de nuire à l'écosystème de votre jardin. En outre, ne les appliquez jamais pendant la floraison. Lisez attentivement les instructions pour l'emploi des pesticides, notamment sur le délai à respecter entre le traitement et la récolte.

Il est vain d'essayer de régler tous les problèmes de ravageurs et de maladies dans le jardin. Ils sont partie intégrante de l'écosystème. Heureusement, les principaux coupables que vous rencontrerez sont assez prévisibles. Soyez donc vigilant et tentez de limiter leur nombre et leurs dégâts.

Les limaces et les escargots seront certainement les fauteurs de troubles les plus agaçants. La meilleure stratégie de défense est de tout essayer. Une chasse au crépuscule peut faire merveille. Les granulés antilimaces à base de phosphate ferrique, éparpillés autour des plantes vulnérables, sont efficaces. D'autres types de granulés sont en revanche toxiques pour les enfants ainsi que pour les animaux

Ci-contre : une couche épaisse de sable abrasif ou de gravier autour des plantes vulnérables, sur le terreau, peut décourager les limaces et les escargots.

Limaces et escargots

- **Les anneaux de cuivre :** posés autour du bord des pots, ils administrent une infime décharge électrique. Ou bien enduisez les bords de vaseline.
- **Les pièges à bière :** enfouissez un pot de yaourt ou de confiture dans le terreau et emplissez-le de bière.
- **Les nématodes :** ce sont des prédateurs naturels qu'on ajoute à l'eau d'arrosage quand la température est supérieure à 5 °C.
- **Sable, gravier, coquilles d'œufs ou coquillages broyés :** disposez une couche épaisse de matériau graveleux et coupant à l'intérieur du bord du pot, entre les rangs de plantules ou en paillis.
- **Pelures de citron :** disposez des écorces d'agrumes (orange, pamplemousse), tournées vers le haut, sur le terreau autour des plantes vulnérables. Inspectez chaque matin et débarrassez-vous des limaces.

domestiques et sauvages. Il existe d'autres solutions (voir l'encadré ci-dessus). Si vous avez recours à des pièges, débarrassez-vous de vos prises en les plongeant dans de l'eau salée ou enfermez-les dans un sac et jetez celui-ci à la poubelle.

Retirez les escargots dès que vous les repérez. La chasse est plus efficace la nuit, quand ils sont en pleine activité.

L'oïdium est la moisissure blanche qui apparaît sur les feuilles par temps sec. Une mauvaise circulation d'air parmi les plantes aggravant le problème, évitez les plantations trop denses. Un paillage et un arrosage régulier réduisent la sécheresse. Recherchez des cultivars résistant à cette maladie.

Les pucerons, dont les verts et les noirs, sont friands des nouvelles pousses tendres et sévissent surtout au printemps, même s'ils sont présents jusqu'en fin d'été. Ils ne tuent pas les plantes mais les affaiblissent et transmettent des virus et autres maladies. Les coccinelles, les syrphes et les chrysopes sont leurs prédateurs naturels ; encouragez leur présence dans votre jardin. Vous pouvez supprimer les pucerons à la brosse (une solution efficace s'il y a peu de plantes à traiter) ou les asperger avec un savon insecticide.

Attirez des insectes utiles tels que les coccinelles, les syrphes et les chrysopes pour limiter les populations de pucerons.

Le mildiou est une maladie cryptogamique véhiculée par le vent, fréquente par temps chaud et humide en fin d'été. Elle touche les tomates et les pommes de terre, attaque la plante entière et détruit rapidement une culture. Soyez à l'affût de taches brun chocolat sur les feuilles et les tiges ; elles s'étendent aux fruits ou aux tubercules, et la plante entière devient noire et visqueuse. Supprimez aussitôt les feuilles infectées, même si la propagation n'est qu'une question de temps. Coupez les tiges de pomme de terre au ras du sol, en espérant que les tubercules ne soient pas atteints. Attendez deux semaines avant de déterrer les pommes de terre, pour laisser la peau s'épaissir. Dès que vous remarquez des signes de mildiou, cueillez toutes les tomates, mûres ou non. N'ajoutez pas les plantes infectées à votre compost, jetez-les à la poubelle. Il existe des variétés résistantes : essayez les pommes de terre 'Sarpo' et les tomates 'Ferline'.

Guettez les signes précurseurs de mildiou à partir du milieu de l'été, notamment après la pluie.

Les chenilles de la grande piéride du chou adorent toutes les crucifères (choux, radis…). Tendez un filet sur ces plantes pour les protéger. Sinon, dès que vous voyez les papillons voleter autour des pots, cherchez les œufs et écrasez les. Leurs chenilles se nourrissent de la fin du printemps à l'automne.

Les chenilles de la grande piéride du chou risquent de dévaster vos cultures si vous ne tendez pas un filet qui empêchera les papillons de pondre sur les feuilles.

Les coléoptères comme la chrysomèle du romarin aiment tous les membres de la famille du romarin et dévorent aussi les feuilles de lavande et de sauge. Les adultes se nourrissent en fin d'été et on rencontre les larves au revers des feuilles de l'automne au printemps. Tapotez la plante pour les faire tomber sur des journaux ou retirez-les à la main.

Les altises ponctuent de trous les feuilles des jeunes crucifères, dont les radis, les légumes-feuilles orientaux, les choux et la roquette. Les dégâts sont souvent plus graves par temps chaud et sec. Pour les éviter, cultivez ces plantes dans des contenants hauts que ces insectes volants ne pourront pas atteindre ou couvrez les plantules d'un filet. En cas d'attaque, étalez une matière collante comme de la mélasse ou du sirop sur un morceau de carton. Agitez celui-ci au-dessus ou parmi les feuilles ; les altises dérangées sauteront des feuilles sur le carton, que vous jetterez.

Il suffit de suivre quelques étapes simples et de mettre en pratique des principes culturaux éprouvés pour obtenir des rendements étonnants malgré une surface réduite.

Un mètre carré pour toute l'année

Cultiver ses propres légumes n'exige pas forcément beaucoup d'espace. Il est possible de se concentrer sur un massif carré d'un mètre de côté et, grâce à une culture intensive et à un usage permanent de l'espace, d'obtenir un rendement fabuleux avec peu d'efforts.

Le concept du jardinage en carrés consiste à exploiter de petites surfaces de façon intensive et est idéal pour de grands bacs ou des massifs surélevés. Il n'est pas indispensable que le carré soit parfait ni qu'il mesure exactement un mètre de côté. Il suffit de semer plus serré qu'à l'accoutumée et de remplacer une culture par une autre immédiatement après la récolte pour jouir d'une production maximale qui ne nécessite qu'un minimum de place et de temps. Une telle concentration signifie que les mauvaises herbes trouvent moins d'espace à coloniser. En outre, la couverture végétale dense agit comme un paillis vivant qui limite l'évaporation de l'eau. L'entretien est ainsi minimisé et facilité.

Vous pouvez cultiver absolument n'importe quel légume, mais pourquoi ne pas tenter une sélection simple de cultures dérobées : légumes-feuilles (par exemple pak-choï, laitues et épinard), betteraves, carottes, oignons nouveaux et radis, avec des courgettes, un rang de haricots et un plant de tomate ?

Ce projet demande une parcelle de terrain, ainsi que l'espace suffisant autour pour travailler dans le massif (semer, désherber, arroser et récolter) sans avoir à piétiner le sol.

L'emplacement doit être ensoleillé pour bénéficier d'un maximum de lumière. Utilisez la meilleure terre possible et amendez-la généreusement de compost de jardin et de matière organique bien décomposée. Ajoutez un engrais à libération lente pour donner le meilleur départ aux plantes. Après cette préparation initiale, le massif ne sera plus bêché, ce qui préserve la structure du sol et limite le travail.

Semer et espacer

Les semis sont réalisés selon l'espacement final des plantes, ce qui évite un éclaircissage ultérieur. Plantez en carrés, non en rangs, en respectant des intervalles égaux entre les plantes. Pour les variétés miniatures ou compactes, les plantations peuvent être encore plus proches ; la production sera plus abondante, même si les récoltes sont de plus petite taille. Le nombre de plantes par carré dépend de la culture ; certaines peuvent même occuper plusieurs carrés. Dans un carré, par exemple, vous pouvez cultiver : 16 betteraves ou carottes, ou 6 plants d'épinard, ou 2 plants de haricot. Des plantes plus volumineuses, comme la courgette, finiront par occuper plusieurs carrés, mais en attendant vous cultiverez des légumes à croissance plus rapide (radis ou salades) dans les carrés adjacents.

Au printemps, commencez par semer les espèces à croissance rapide dans chaque carré. Elles seront récoltés à temps pour un second semis. Des plantes plus frileuses comme les courgettes pourront alors être semées. Exploitez l'espace au mieux avec des plantes grimpantes : haricot, pois, tomate, courge, potiron, concombre et même certains types de courgette qui poussent à la verticale. Plantez-les du côté nord afin qu'ils ne projettent pas d'ombre sur les autres plantes. S'il reste de l'espace, ajoutez des plantes compagnes (voir p. 27).

Les points importants

- Cette technique convient à quasiment toutes les cultures. Rappelez-vous seulement que certaines, telles que les oignons, restent longtemps en terre et que d'autres, comme les crucifères, occupent beaucoup d'espace.
- Plantez les variétés buissonnantes (poivron, piment, certains types de courgette) aux angles du massif afin qu'elles ne l'envahissent pas.
- Même si le massif surélevé demande des soins réguliers, l'entretien est minimal. La densité crée un microclimat qui conserve l'humidité et dissuade les mauvaises herbes, ce qui réduit encore le travail.
- Ajoutez du compost de jardin et un engrais à libération lente après chaque récolte afin d'amender le sol tout au long de la saison.
- Il est facile de prolonger la saison. Réchauffez tout le massif avec un film noir posé en début de printemps, avant les semis, ou concentrez la chaleur sur certaines plantes à l'aide de cloches. Protégez les cultures tardives du froid par un voile d'hivernage.

Optimiser l'espace

Après la récolte d'une culture, arrachez les plantes. Enfouissez du compost de jardin frais ou du fumier dans le carré et appliquez un engrais à libération lente. Faites le meilleur usage de chaque espace en ne laissant jamais un carré en jachère. Et vous amenderez en permanence le sol du massif.

La plantation d'un potager en carrés

Le matériel

■ massif surélevé de 1 m x 1 m ■ terre de jardin ou terreau de rempotage ■ compost ■ mètre ■ marteau, clous ■ ficelle ■ graines de légumes (voir p. 36) ■ tuteurs ■ plant de tomate à port indéterminé.

1 Garnissez le massif de deux parts de terre de jardin pour une part de compost de jardin, mélangées. Puis, à l'aide du mètre, divisez le massif en carrés de taille égale, ici 16 carrés de 25 x 25 cm. Enfoncez des clous en guise de repères sur les côtés.

2 Tendez la ficelle d'un clou à l'autre en travers du massif et nouez-la solidement. Puis, arrosez le massif au tuyau ou à l'arrosoir muni d'une pomme, afin qu'il soit prêt pour les semis.

6 Récoltez les légumes à maturité. Quand un carré se libère, incorporez la valeur d'un transplantoir de compost de jardin frais et de l'engrais à libération lente puis ressemez. Ces radis ont été semés et récoltés avant que la courgette ne s'étende.

7 Quand les gelées sont passées, semez les variétés plus frileuses. Comptez une seule courgette dans chaque carré d'angle afin qu'elle puisse s'étaler à l'extérieur. Ici, une variété compacte a donné d'excellents résultats.

8 Plantez une rangée de tuteurs en bambou et semez un rang de haricots le long des trois carrés à l'arrière du massif. Gardez le quatrième pour le plant de tomate.

3 Avant de semer, calculez le nombre de graines nécessaires à chaque culture dans son carré : 1, 4, 6, 9 ou 16 graines selon la plante. Assurez-vous que les graines sont espacées régulièrement dans le carré.

4 Arrosez généreusement les semis. Un arrosoir muni d'une pomme est idéal car vous pouvez concentrer l'arrosage sur un carré au besoin.

5 Si les limaces et les escargots sont une menace (voir p. 32), collez une bande de cuivre autour du bord du massif. Ces ravageurs détestent le contact du cuivre et devraient ainsi laisser vos plantes en paix. Fertilisez et arrosez régulièrement.

9 Plantez la tomate à port indéterminé dans son carré et liez-la à sa canne de bambou. Guidez-la le long du support et pincez les pousses latérales tout au long de l'été.

10 Vous pouvez ajouter des plantes compagnes aux angles et autour du plant de tomate. Elles attireront les insectes pollinisateurs et les coccinelles qui se nourrissent de ravageurs nuisibles comme les pucerons.

11 Poursuivez les récoltes des cultures à maturité. Selon les variétés, vous continuerez à rafraîchir le compost et à ressemer, et les récoltes devraient se poursuivre jusqu'aux premières gelées.

Les arbres fruitiers

Les pommiers

Grâce aux porte-greffes nanifiants, les pommiers se cultivent très bien en pot. Il existe des centaines de variétés, de pommes à couteau ou de pommes à cuire. Si vous avez assez d'espace, pourquoi pas les deux ? Mais choisissez des variétés qui fleurissent en même temps afin qu'elles se pollinisent les unes les autres. Si vous ne souhaitez qu'un arbre, optez pour un sujet autofertile ou à greffes multiples (deux ou trois variétés greffées sur le tronc donnant chacune une pomme différente).

Dans un espace restreint, un pommier peut être formé en cordon à une branche.

Pot et substrat

Plantez dans un pot de 45 à 50 cm de diamètre ou dans un demi-tonneau avec du terreau pour balcon mélangé de sable horticole.

Les techniques de culture

1 Recherchez un cultivar nommé sélectionné pour la culture en pot et greffé sur un porte-greffe 'M 26' ou 'M 9' (voir p. 44).
2 Plantez les arbres à racines nues pendant la dormance, entre l'automne et la fin de l'hiver. Les sujets en conteneur se plantent toute l'année. Arrosez bien et placez le pot dans un lieu chaud et abrité.
3 Dans le trou de plantation, incorporez un stimulant d'enracinement ou un engrais organique complet (sang séché, poisson et os). Tuteurez (voir p. 44-45) et paillez.
4 Soyez attentif à l'arrosage, surtout en période de sécheresse et quand les fruits se développent.
5 À partir du printemps, appliquez un engrais universel liquide toutes les deux semaines.
6 Surfacez avec du fumier en hiver.

Si votre région est sujette aux gelées, choisissez des pommiers à floraison tardive pour éviter les dégâts du gel.

La santé des plantes

La carpocapse des pommes peut attaquer les pommiers. Ils souffrent aussi de maladies cryptogamiques comme la tavelure du pommier (certaines variétés sont résistantes) ; les dégâts se limitent à l'épaisseur de la peau, qu'il suffit de peler. Les étés humides provoquent la moniliose des fruits : supprimez les fruits atteints. Un arrosage irrégulier peut causer des dépressions dans les fruits, qui restent cependant comestibles.

Récolte et conservation

Des fruits tombés au sol ou dans le pot sont un signe de maturité. Pour cueillir un fruit, prenez-le dans le creux de la main et faites-le pivoter sur sa tige, sans tirer. Étalez vos récoltes en choisissant des variétés qui n'atteignent pas la maturité aux mêmes périodes. Les variétés hâtives donnent à partir du milieu de l'été ; consommez vite ces pommes car elles se gardent mal. Les autres récoltes commencent au milieu de l'automne et se conservent dans une remise ou un garage frais. Évitez le contact entre les fruits stockés et éliminez ceux qui sont abîmés. Les pommes peuvent aussi être réduites en purée et congelées, ou bien séchées au four avant d'être stockées.

VARIÉTÉS : à cuire : 'Arthur Turner', 'Emneth Early' ; à couteau : 'Discovery', 'Pixie', 'Sunset'.

Conseils d'expert

- Replantez un arbre élevé en conteneur à la même profondeur que dans son ancien pot. S'il est à racines nues, cherchez la trace de terre sur la tige (voir p. 45).
- Rempotez tous les deux ans en automne, en taillant les racines épaisses. Dans le pot définitif, renouvelez le terreau tous les ans et taillez les racines tous les deux ans.
- À moins d'avoir choisi un arbre autofertile ou à greffes multiples, plantez plusieurs sujets. Ils sont classés selon la compatibilité de pollinisation : choisissez-les du même groupe ou de groupes voisins.
- La taille est fonction de la formation de l'arbre et de l'endroit où il porte ses fruits : aux extrémités des branches ou sur des dards. Le cordon vertical à une branche est idéal pour les plantes en pot car il demande peu d'espace et de taille. Le plus simple est d'acheter un arbre déjà formé ; réduisez la flèche au printemps si nécessaire et rabattez les nouveaux rameaux latéraux à trois feuilles en été. Éclaircissez pendant la dormance hivernale pour conserver la forme initiale et une structure ouverte.

Les pommes hâtives peuvent être dégustées dès la cueillette. Les variétés tardives apprécient une période de stockage.

La récolte des pommes

Les pommiers sont les arbres les plus couramment cultivés et, si le porte-greffe est adapté, ils prospèrent en pot. Un cordon à une branche couvert de fruits savoureux a belle allure et prend très peu d'espace, l'idéal dans une cour ou un jardin exigus. Il existe des centaines de variétés, aussi évitez celles qui sont les plus répandues dans le commerce. Mieux encore, recherchez un pommier qui a un lien historique avec votre région.

Le porte-greffe est toujours important dans le choix d'un arbre fruitier, mais il devient vital dans le cas d'une culture en pot. Il vous faut un porte-greffe 'M 26' ou 'M 9'. Évitez les porte-greffes très nanifiants ; bien que petits, ils seront encore plus stressés en pot. Vient ensuite le choix de la variété de pommier (voir p. 43). Il peut être délicat si vous ne souhaitez qu'un seul arbre car il doit être autofertile (voir p. 42).

Les sujets à racines nues ou en conteneur se plantent à des saisons différentes (voir p. 42). Consacrez-leur un emplacement ensoleillé et abrité pour donner aux fruits toutes les chances de se développer et de mûrir.

Le tuteurage contribue à ancrer les racines et à éviter le déchaussement. Le tuteur ne doit pas dépasser un tiers de la hauteur de l'arbre pour que le tronc puisse se courber sous le vent et s'épaissir progressivement. Enfoncez bien le tuteur du côté du vent dominant : lorsque le vent souffle, l'arbre sera ainsi écarté du tuteur. Vérifiez que le tuteur est fermement planté dans le terreau, sinon il ne remplira pas son rôle. Inspectez régulièrement le lien, qui ne doit pas être trop serré, et détendez-le au fur et à mesure du développement du tronc.

Arrosez bien l'arbre en période de sécheresse et quand les fruits commencent à se développer. Un bon paillis conservera l'humidité, ainsi qu'un surfaçage de compost de jardin ou de fumier bien décomposé appliqué au printemps. Arrosez régulièrement les plantes avec un engrais universel liquide.

Un pommier est un investissement à long terme. Même s'il demande quelques années pour atteindre sa pleine productivité, votre patience sera récompensée.

La plantation d'un pommier

Le matériel

- pommier à racines nues ;
- pot en terre cuite de 40 cm de largeur et de profondeur au moins ;
- matériau de drainage ;
- terreau pour balcon ;
- engrais (voir p. 15) ;
- tuteur et lien.

1 Déballez le pommier dès son arrivée. Placez-le dans un seau d'eau pour éviter que les racines ne se dessèchent. Avant de le mettre en pot, recherchez le bourrelet de greffe, c'est-à-dire la partie renflée à la soudure du porte-greffe et du greffon. Il doit se trouver au-dessus de la surface du terreau une fois la plantation effectuée.

2 Répartissez une couche de matériau de drainage au fond du pot puis emplissez celui-ci à moitié de terreau. Incorporez de l'engrais et posez l'arbre en place. Enfoncez délicatement le tuteur entre les racines, puis ajoutez du terreau et tassez au fur et à mesure, jusqu'à ce que l'arbre soit stable. Le bourrelet de greffe reste au-dessus du terreau.

3 Liez le tuteur à l'arbre avec un lien à tampon. Le tampon évitera tout frottement entre la tige et le tuteur.

4 Arrosez copieusement, puis appliquez un paillis de fumier ou de compost de jardin. Complétez si le niveau baisse après l'arrosage. Arrosez et fertilisez régulièrement.

5 Un temps chaud stimulera la floraison. Si de fortes gelées sont prévues, protégez les fleurs et les très jeunes fruits pour garantir une belle récolte.

Les poiriers

Les poiriers sont un peu délicats à cultiver, mais quelle saveur par rapport aux fruits du commerce ! Si vous manquez d'espace, essayez un poirier à greffes multiples, porteur de deux ou trois variétés, ou bien une variété autofertile, bien que les résultats soient encore meilleurs avec un partenaire compatible. Pour la culture en pot, prenez un porte-greffe 'Quince C' ('Cognassier C').

Le pot et le substrat

Plantez dans un pot de 45 à 50 cm de diamètre garni de terreau pour balcon mélangé à du sable horticole.

Les techniques de culture

1 En automne, plantez l'arbre à la même profondeur que dans son pot initial ou qu'en pleine terre.
2 Arrosez copieusement et placez le pot dans un lieu chaud et abrité, hors gel.
3 Rafraîchissez la couche supérieure du terreau au printemps, appliquez un engrais à libération lente et disposez un paillis de fumier bien décomposé.
4 Appliquez un engrais universel liquide une fois par semaine.
5 Arrosez copieusement par temps sec et quand les fruits se développent.
6 Taillez tous les ans, en hiver et en été.

Conseils d'expert

- Pour une récolte rapide, achetez un arbre âgé de trois ans.
- La plupart des poiriers fructifient sur des dards et peuvent être formés sur tige ou guidés en cordon ou en espalier. Sur les cordons à une branche, réduisez la flèche au printemps, puis rabattez les rameaux latéraux à trois feuilles et éclaircissez les tiges fructifères en hiver tous les 10 cm.

Éclaircissez en été à deux ou trois poires par bouquet.

La santé des plantes

La résistance aux maladies diffère d'un cultivar à l'autre. Surveillez la moniliose des fruits les étés humides. Supprimez les fruits infectés pour éviter la propagation. Le phytopte des feuilles du poirier laisse des boursouflures sur les feuilles, mais le problème est surtout esthétique.

Récolte et conservation

Récoltez les poires quand elles sont fermes et ont légèrement changé de couleur. Pour les détacher, soulevez-les et tournez-les délicatement. Cueillies trop tôt, elles ne mûriront pas ; trop tard, elles risquent de pourrir ou d'avoir un goût terreux. Conservez-les dans un lieu frais et sombre jusqu'à leur maturité. Les cultivars précoces mûrissent en une semaine, les tardifs en quelques mois.

VARIÉTÉS : 'Beurré Hardy', 'Catillac', 'Concorde', 'Conférence', 'Doyenné du Comice' ; poiriers nains : 'Garden Gem', 'Garden Pearl'.

Les figuiers

Les figuiers apprécient la culture en pot car ils tirent profit d'un développement contrôlé. Leur silhouette graphique et leur feuillage remarquable en font de superbes sujets décoratifs sur une terrasse. Dans les régions fraîches, veillez à choisir l'un des cultivars les plus rustiques.

Pot et substrat

Plantez dans un pot de 45 à 50 cm de diamètre garni de terreau pour balcon, mêlé de sable pour le drainage.

Cette grosse figue devrait mûrir au cours de l'été. Les figues qui passent l'hiver sont minuscules et risquent de ne pas se développer si le temps est très froid.

Les techniques de culture

1 Placez le figuier contre votre mur le plus chaud et le plus ensoleillé.
2 Veillez à ce que le terreau ne se dessèche jamais.
3 Paillez au printemps avec de la matière organique bien décomposée. En été, appliquez un engrais liquide toutes les semaines.
4 Sous climat frais, placez le figuier hors gel pour l'hiver. Sinon, isolez le pot avec du film à bulles ou un voile horticole.
5 Rempotez tous les deux ans, au printemps.

Conseils d'expert

- La formation la plus facile pour les figuiers en pot est le buisson ouvert, en gobelet.
- Avant le départ de la végétation au printemps, taillez toutes les branches mortes et faibles. En été, rabattez les pousses nouvelles à cinq feuilles. Portez toujours des gants pour vous protéger de la sève irritante.
- Arrosez régulièrement, surtout en été.
- Au printemps, remplacez le terreau de surface.
- À la fin de l'été, la plante portera peut-être des fruits de différentes tailles. Les plus gros devraient être bientôt mûrs pour la cueillette et les petits se développeront et donneront la récolte de l'année suivante. Supprimez les fruits de taille intermédiaire.

La santé des plantes

Tendez un filet de protection contre les oiseaux.

Récolte et conservation

Les figues mûres sont parfumées et souples au toucher. Plus vous attendrez, plus elles seront sucrées. Tenez le fruit par le pédoncule et détachez-le délicatement. Dégustez les figues fraîches ou faites-les sécher au four.

VARIÉTÉS : 'Brown Turkey', 'Brunswick', 'Marseillaise blanche', 'White Ischia'.

Les agrumes

Tous les membres de la famille des agrumes (citronniers, limettiers, pamplemoussiers, kumquats, orangers et calamondins) sont gélifs et demandent des températures chaudes constantes. En région fraîche, cultivez-les en jardin d'hiver. Choisissez des pots en plastique légers, plus faciles à manipuler que des pots en terre. Il est vital de fournir aux agrumes un bon milieu de croissance, mais leur culture ne présente pas d'autre difficulté. Ces beaux petits arbres aux fleurs parfumées fleurissent tout au long de l'année et le plaisir de cueillir ses propres oranges ou citrons mérite bien un petit effort.

Pot et substrat

Pour un arbre âgé de deux ou trois ans, choisissez un pot de 50 cm de diamètre ou plus. Mélangez du terreau pour balcon avec 20 % de gros sable. Utilisez du terreau à base de tourbe si l'eau de votre région est calcaire et que vous ne pouvez arroser avec de l'eau de pluie.

Les techniques de culture

1 Les agrumes demandent une saison de végétation longue, chaude et humide, avec au moins six mois à 14 °C pour la maturation des fruits et des hivers sans gelées avec un minimum de 15 °C. Les plantes entrent en dormance à des températures inférieures et risquent de mourir en dessous de 7 °C.
2 Pour augmenter les chances de fructification, achetez des plantes adultes car la croissance est extrêmement lente à partir de boutures ou de graines.
3 Plantez les agrumes au printemps.
4 Maintenez le terreau humide en permanence car un manque d'eau provoque la chute des fruits. L'idéal est l'eau de pluie. En hiver, gardez le terreau presque sec. Quand le temps se réchauffe, arrosez avec de l'eau tiède pour

Les étés chauds et secs, vaporisez autour des plantes pendant et après la floraison pour augmenter le taux d'humidité.

La floraison des diverses variétés s'échelonne sur presque toute l'année. La maturation d'un fruit prend jusqu'à un an.

Conseils d'expert

- Les agrumes demandent peu de taille, surtout les variétés naines pour pot. Supprimez les drageons sous le point de greffe et pincez l'extrémité des pousses vigoureuses en été. En fin d'hiver, éclaircissez les branches en surnombre et rabattez les rameaux grêles des deux tiers. Méfiez-vous des épines.
- Posez les pots sur des soucoupes garnies de gravier humide pour élever le taux d'humidité. Vaporisez les feuilles en été.
- Plus la température est élevée, plus les fruits sont savoureux.

encourager la floraison. L'excédent d'eau doit pouvoir s'écouler.

5 Renouvelez les 5 cm superficiels du terreau au printemps. Tous les trois ou quatre ans, rempotez au printemps quand les racines deviennent trop tassées.

6 Fertilisez tout au long de l'année. Du début du printemps au milieu de l'automne, appliquez un engrais riche en azote, suivi d'un engrais universel pour l'hiver. Il existe aussi des engrais spécialisés pour agrumes.

La santé des plantes

La plupart des problèmes (échec de la floraison, perte précoce des fleurs, jaunissement ou chute des feuilles) sont dus à de mauvaises conditions de croissance. Un manque de lumière, de nutriments, d'eau ou d'humidité et des températures trop basses peuvent être en cause. N'arrosez donc pas trop en hiver, évitez les variations de température et maintenez une hygrométrie élevée.

Récolte et conservation

Les fruits peuvent être cueillis à maturité ou laissés sur l'arbre. Coupez le pédoncule au sécateur, en laissant un petit tronçon. Les fruits impeccables se gardent pendant plusieurs semaines au frais et au sec, ou faites-en des confitures ou des bocaux.

Les agrumes cultivés en pot doivent être placés dans un lieu chaud et ensoleillé en été, puis hivernés dans un abri hors gel en région fraîche.

VARIÉTÉS : clémentinier : *Citrus reticulata* groupe Mandarine 'Nules' ; pamplemoussier : *C.* x *paradisi* 'Marsh' ; citronnier : *C.* x *meyeri* 'Meyer', *C. limon* 'Garey's Eureka' ; oranger : *C. sinensis* 'Washington Navel' ; limettier : *C. aurantiifolia* 'Tahiti' ; mandarinier satsuma : *C. unshiu* 'Owari'.

Les cerisiers

Splendides, les cerisiers se couvrent de fleurs au printemps, se chargent de fruits en été, puis se parent de belles couleurs d'automne. On distingue deux types de cerises : douces ou acidulées. Les premières se consomment fraîches, les secondes cuites. Les cerisiers acides sont autofertiles, mais les cerisiers doux ne le sont pas tous. Vérifiez auprès d'un pépiniériste que les variétés choisies sont aptes à se polliniser mutuellement. Préférez un porte-greffe nanifiant pour maintenir l'arbre à une hauteur raisonnable de deux à trois mètres. 'Tabel' est un porte-greffe parfait pour les cerisiers doux en pot, 'Colt' pour les cerisiers acides moins vigoureux. Formez-les en gobelet ou en éventail.

Si vous devez protéger les fleurs du gel par un voile d'hivernage, retirez celui-ci dans la journée pour laisser l'accès aux abeilles.

Pot et substrat

Plantez dans un pot de 60 cm de diamètre ou plus, garni de terreau pour balcon.

Les techniques de culture

1 Plantez les cerisiers entre la fin de l'automne et le début du printemps. Les cerisiers doux demandent le plein soleil ; les cerisiers acides supportent un peu d'ombre.
2 Les racines, superficielles, se dessèchent vite en pot ; arrosez bien après la plantation. Veillez aussi aux apports d'eau à la nouaison et par temps sec.
3 Renouvelez la couche supérieure du terreau chaque printemps et appliquez un engrais universel à libération lente. Apportez un engrais universel liquide en été.
4 Choisissez un endroit abrité. Protégez les fleurs et les fruits du gel par un voile d'hivernage à ôter dès que possible pour donner accès aux insectes pollinisateurs.

Conseils d'expert

- Les cerisiers doux fructifient sur les branches d'un et deux ans. Raccourcissez les nouvelles pousses en été.
- Les cerisiers acides fructifient sur le bois de l'année précédente. Rabattez les nouvelles pousses en été pour favoriser une nouvelle végétation.

La santé des plantes

Le chancre bactérien (taches brunes sur les feuilles et dépérissement des branches) peut être fatal ; coupez les branches atteintes et appliquez un fongicide cuprique en fin d'été. Taillez en été pour limiter les risques de maladie du plomb. Protégez les fruits des oiseaux par un filet.

Récolte et conservation

Récoltez à partir du milieu de l'été. Les cerises douces se gardent une semaine au réfrigérateur. Les cerises acidulées doivent être cuites. Sinon congelez-les entières, après dénoyautage, ou en compote.

VARIÉTÉS acides : 'Meteor', 'Morello', 'Nabella' ; douces : 'Garden Bing' (nain), 'Merchant', 'Stella'.

Les pêchers

Une pêche cueillie sur l'arbre possède une saveur incomparable. Malheureusement, tous ces arômes demandent quelques efforts, notamment sous climat frais. Les pêchers sont rustiques, mais pas leurs fleurs. Choisissez une variété naine et compacte, ou une variété classique sur un porte-greffe de vigueur modérée comme 'Pixy' ou 'Saint-Julien A'. Ils sont plus faciles à entretenir.

Les pêches ne mûrissent pas toutes en même temps. Inspectez les fruits régulièrement pour les cueillir à maturité.

Pot et substrat

Démarrez les jeunes arbres dans un pot de 20 cm de diamètre garni de terreau pour balcon mélangé de sable.

Les techniques de culture

1 Plantez les pêchers à racines nues ou en conteneurs en automne et placez le pot contre un mur chaud, ensoleillé et abrité. Arrosez très copieusement.
2 Quand les fleurs apparaissent, appliquez un engrais universel liquide toutes les deux semaines. Arrosez régulièrement.
3 Éclaircissez les fruits tous les 5 cm.
4 Au printemps, renouvelez le terreau et le paillis.
5 Rempotez tous les deux ans dans un pot plus grand. Un pot définitif de 40 cm de diamètre devrait suffire.

La santé des plantes

La cloque du pêcher est une maladie cryptogamique courante qui déforme les feuilles de boursouflures rose vif. Elle est propagée par la pluie. Pour l'éviter, couvrez les pots du milieu de l'hiver à la fin du printemps. 'Avalon Pride' est résistant.

En région fraîche, protégez les fleurs de pêcher du froid par un voile d'hivernage.

Récolte et conservation

Le fruit est mûr quand il est souple et parfumé. Cueillez régulièrement. Dégustez les pêches fraîches ou faites des confitures.

VARIÉTÉS : 'Avalon Pride', 'Peregrine', 'Redhaven', 'Rochester' ; nains : 'Amber', 'Bonanza', 'Diamond'.

Conseils d'expert

- Sous climat frais, choisissez un cultivar à floraison tardive.
- Protégez les fleurs des gelées nocturnes par un voile d'hivernage, à ôter en journée pour permettre la pollinisation.
- Polliniser vous-même avec un pinceau souple augmentera la fructification.
- Les pêchers fleurissent sur le bois de l'année précédente et demandent une taille annuelle. Rabattez les vieilles tiges à un bourgeon végétatif étroit. Ne coupez que le bois mort ou abîmé sur les types compacts.
- Pour éviter la maladie du plomb et le chancre, ne taillez que par temps sec et ensoleillé, au printemps ou en été.

Les pruniers

Choisissez parmi les prunes, les quetsches, les reines-claudes ou les Saint-Julien. Ce sont de proches parentes, même si les quetsches et les Saint-Julien sont des fruits plus petits et plus acides, meilleurs cuits. De nombreuses variétés sont autofertiles, mais la récolte sera plus abondante si vous cultivez deux arbres du même groupe de pollinisation, ou de groupes voisins. Achetez des plantes greffées sur le porte-greffe semi-nanifiant 'Pixy' et conduisez-les ensuite en gobelet, en pyramide ou en éventail si elles ne sont pas encore formées.

Conseils d'expert

- La taille de formation vise à créer une charpente de branches robustes et ouvertes. Par la suite, supprimez simplement le bois mort ou abîmé et les gourmands.
- Si vous n'avez d'espace que pour un arbre, pollinisez-le en frottant les fleurs avec un petit pinceau.

Pot et substrat

Remplissez un pot de 60 cm de diamètre, doté de nombreux trous, de terreau pour balcon mélangé à du sable.

Les techniques de culture

1 Plantez en milieu d'automne à la même profondeur que dans le pot initial ou en pleine terre. Arrosez bien.
2 Placez dans un endroit chaud et ensoleillé.
3 Arrosez régulièrement la première année et par temps sec.
4 Tous les ans au printemps, paillez avec du fumier bien décomposé pour conserver l'humidité. Fertilisez régulièrement.
5 Les arbres sont rustiques, mais protégez les fleurs et les fruits des gelées nocturnes par un voile d'hivernage, à ôter dans la journée pour laisser l'accès aux insectes pollinisateurs.
6 Éclaircissez les prunes à 7,5 cm d'espacement quand elles sont petites.

La santé des plantes

Taillez au minimum pour éviter la maladie du plomb et le chancre bactérien. Si nécessaire, intervenez au printemps ou en milieu d'été. Tendez un filet contre les oiseaux et installez des pièges à guêpes. Les fruits sont parfois attaqués par les larves du carpocapse des prunes ou de l'hoplocampe du prunier. Placez des pièges à phéromones ou vaporisez un pesticide adapté.

Récolte et conservation

Cueillez à maturité quand les prunes sont colorées et dégagent un fort parfum sucré. Des fruits tombés sont aussi un bon indice. Consommez-les fraîches ou dénoyautées et congelées, entières ou en purée, ou bien faites-en des confitures, du chutney ou de l'alcool.

VARIÉTÉS : 'Goldust' (nain, prunes type reine-claude), 'Opal', 'Quetsche d'Alsace' (arbre de taille moyenne), 'Reine-Claude Tardive de Chambourcy' (arbre de taille moyenne), 'Saint-Julien', 'Victoria'.

Les prunes mûres sont couvertes d'une pruine caractéristique qui s'élimine facilement en frottant avec les doigts.

Les oliviers

Si les oliviers évoquent les vacances estivales, celui que vous cultiverez vous procurera une énorme satisfaction, surtout s'il donne des fruits. Ces arbres à croissance lente ont de précieuses qualités ornementales et, en situation chaude et abritée ou sous climat tempéré chaud, les sujets établis peuvent produire une récolte d'olives.

Vous améliorerez considérablement la récolte d'olives en plantant plusieurs cultivars.

Pot et substrat

Pour un bon drainage, mélangez du sable au terreau pour balcon. Démarrez les jeunes oliviers dans un pot de 30 à 35 cm.

Les techniques de culture

1 Cultivez un jeune sujet planté en automne dans un lieu ensoleillé et abrité – idéalement, contre un mur chaud. Tuteurez et arrosez bien.
2 Même si les oliviers supportent la sécheresse, maintenez l'humidité du terreau par temps sec. Réduisez l'arrosage en hiver, mais ne laissez pas le terreau se dessécher complètement car la floraison ultérieure serait compromise.
3 Appliquez un engrais universel liquide tous les mois pendant la saison de végétation.

Conseils d'expert

- Les oliviers demandent peu de taille ; éclaircissez simplement les branches au printemps pour conserver un centre ouvert et taillez l'extrémité des branches principales tous les ans après la floraison sur de jeunes pousses de remplacement.
- Bien que la plupart des oliviers soient autofertiles, la présence de plusieurs cultivars favorisera la pollinisation et assurera une récolte plus fiable.
- Éclaircissez à trois ou quatre fruits tous les 30 cm pour favoriser la maturation et éviter une chute de fruits précoce.
- Protégez les racines du gel dans les régions froides : isolez les pots avec du voile ou du film à bulles et de la paille. Des températures inférieures à – 10 °C abîment les arbres.

La santé des plantes

Une exposition prolongée au froid peut provoquer des fissures dans l'écorce, le dépérissement et la chute des feuilles. L'arbre repartira, mais la récolte et la croissance de l'année seront affectées. Les cochenilles ne posent qu'un problème esthétique. Éliminez-les à la brosse.

Récolte et conservation

Les olives peuvent être cueillies quand elles sont fermes et noires et consommées crues, mais elles n'auront pas le même goût que les olives du commerce, qui sont séchées et salées.

VARIÉTÉS : 'Africana', 'Aglandau', 'Cailletier', 'Frantoio', 'Grossanne', 'Rougette de l'Ardèche', 'Sativa', 'Verdale'.

Les groseilliers à maquereau

Les groseilles à maquereau sont des fruits anciens à la saveur douce et acidulée. Les arbustes sont rustiques, faciles à cultiver et autofertiles ; il suffit donc d'une plante si votre espace est limité. Les groseilliers à maquereau sont proposés en gobelet, en cordon ou sur tige ; ceux-ci sont parfaits en pot car ils sont très productifs et occupent peu d'espace.

Cueillez les premiers fruits en fin de printemps, et laissez mûrir les autres pour une cueillette ultérieure.

Pot et substrat

Mélangez du terreau de rempotage avec du sable, pour un bon drainage, dans un pot de 30 cm de profondeur, ou plus.

Les techniques de culture

1 Plantez entre la fin de l'automne et le début du printemps, dans un endroit ensoleillé et abrité ; les sujets fructifient un peu moins à l'ombre. Arrosez copieusement et paillez.
2 Arrosez bien quand les fruits commencent à se développer et en période de sécheresse.
3 Appliquez un engrais universel liquide toutes les deux semaines à partir du printemps.
4 Protégez les plantes en fleur du gel par un voile d'hivernage.

La santé des plantes

Une mauvaise circulation d'air est cause d'oïdium (voir p. 34), mais il existe des variétés résistantes comme 'Invicta'. Les fausses-chenilles ou tenthrèdes défolient une plante en un rien de temps, soyez vigilant à partir du printemps et éliminez-les aussitôt.

Protégez les groseilles à maquereau des oiseaux avec un filet bien tendu.

Le bouvreuil pivoine adore les bourgeons et le merle les baies sucrées ; tendez un filet.

Récolte et conservation

Cueillez la moitié des groseilles à maquereau en fin de printemps quand elles ne sont pas tout à fait mûres et faites-en des confitures. Cueillez le reste en été. Portez des gants – les épines sont acérées.

VARIÉTÉS : 'Greenfinch', 'Invicta', ' Leveller'.

Conseil d'expert

- Pour former un cordon, choisissez une branche forte et supprimez-en les rameaux sur 15 cm à la base. Tuteurez-la. Rabattez les autres pousses à deux bourgeons. L'été suivant, taillez les nouvelles tiges à cinq feuilles. L'hiver suivant, rabattez la branche principale d'un tiers et les autres rameaux à deux bourgeons. Répétez l'opération tous les ans.

Les framboisiers

Les framboisiers exigeant peu d'entretien, on peut les oublier après la plantation. Ils existent sous forme remontante ou à fructification d'été. Si vous avez la place, accordez un pot à chacune pour une longue saison de délices.

Si les framboises sont mûres, elles se détachent facilement de la plante. Cueillez-les par temps sec.

Pot et substrat

Trois pieds cohabiteront dans un pot de 30 cm empli de terreau pour balcon additionné de sable.

Les techniques de culture

1 Plantez en milieu d'automne, la marque de terre sur les cannes au niveau du sol.
2 Arrosez. Placez au soleil et à l'abri.
3 Paillez pour conserver l'humidité.
4 Guidez les cannes sur un tuteur-échelle en bambou (voir p. 59) ou entourez-les de ficelle pour éviter qu'elles ne s'affaissent.
5 Arrosez et fertilisez régulièrement en été.

La santé des plantes

Virus et maladies cryptogamiques affaiblissent les framboisiers et nuisent au rendement. Cultivez des plantes certifiées indemnes de virus, arrosez et fertilisez régulièrement, et ne plantez pas trop densément. Des plaques desséchées sur les fruits laissant transparaître des larves sont le fait du ver des framboises. Il n'y a pas de traitement ; les variétés remontantes y sont moins sujettes. Les oiseaux peuvent sévir, mais moins sur les variétés à fruits jaunes. Tendez un filet.

Rabattez les framboisiers remontants au ras du sol pour une repousse au printemps.

Conseils d'expert

- Les framboisiers d'été fructifient sur les cannes de l'année passée. Rabattez les vieilles cannes après la récolte (voir p. 59).
- Les variétés remontantes fructifient sur les cannes de l'année. L'hiver, rabattez tout au ras du sol. Éclaircissez les nouvelles cannes en été.
- Au bout de dix ans, remplacez les pieds par de nouvelles cannes ou par des drageons vigoureux de vos propres plantes.

Récolte et conservation

Cueillez souvent pour encourager le renouvellement et éviter qu'un fruit oublié ne pourrisse et ne soit vecteur de maladie. Dégustez les framboises fraîches ou congelez-les, faites des confitures ou des bocaux.

VARIÉTÉS remontantes : 'Autumn Bliss', 'Fall Gold' ; fructification d'été : 'Glen Ample', 'Glen Moy', 'Malling Jewel'.

Fabuleux framboisier

Les framboisiers ont du succès dans les jardins pour plusieurs raisons : ils sont faciles à cultiver, gratifiants et leurs fruits sont absolument délicieux. Ils prospèrent en pot et leurs baies en font des plantes très décoratives.

En choisissant vos framboisiers, rappelez-vous qu'il en existe deux types : remontant et non remontant. Seuls les framboisiers remontants donnent une récolte la première année, car ils fructifient sur des cannes de l'année. On rabat les tiges en hiver après la fructification et de nouvelles cannes apparaissent au printemps, qui fructifieront à la fin de l'été. Les framboisiers non remontants forment leurs fruits sur les cannes de l'année précédente et ne fructifieront donc que dix-huit mois après la plantation.

Plantez les framboisiers à racines nues pendant la saison de dormance et rabattez immédiatement les variétés non remontantes à 20 cm du terreau. Quand les nouvelles cannes apparaissent au printemps, guidez-les sur un support. Les cannes ne fructifient qu'une fois ; rabattez-les à la base après la récolte de fruits pour laisser la place aux nouvelles pousses.

Une fois le rythme de taille bien assimilé, les framboisiers sont remarquablement faciles à cultiver pourvu qu'ils jouissent d'un emplacement ensoleillé et abrité, d'une fertilisation régulière et d'un paillis qui conserve l'humidité du terreau.

Construisez une échelle en bambou pour soutenir les framboisiers en pot ou palissez-les contre un mur.

La plantation des framboisiers

Le matériel

- 3 ou 4 cannes de framboisier, de préférence à racines nues ;
- seau d'eau ;
- pot de 30 cm ou 40 cm de diamètre ;
- terreau de rempotage universel ;
- matériau de drainage ;
- sécateur, cannes de bambou et ficelle.

1 Déballez les cannes à racines nues dès leur arrivée ; retirez tous les emballages ainsi que les étiquettes. Baignez-les dans un seau d'eau pendant deux heures pour les réhydrater et limiter le choc de la plantation. Emplissez le pot aux trois quarts de terreau de rempotage, avec des tessons de terre cuite au fond pour le drainage.

2 Plantez peu profond : couvrez les racines de 8 cm de terreau. Plantez trois cannes dans un pot de 30 cm, quatre dans un pot de 40 cm. Arrosez bien et paillez. Rabattez aussitôt les cannes des framboisiers non remontants à 20 cm au-dessus du terreau. Arrosez régulièrement pendant la saison de végétation.

3 Au printemps, rabattez les vieilles cannes des framboisiers non remontants quand les nouvelles apparaissent. Tuteurez les jeunes cannes en vue de la récolte de l'année suivante.

4 Les fleurs sont autofertiles et seront visitées par les abeilles et autres insectes pollinisateurs au printemps. Fertilisez chaque année au printemps pour une croissance saine.

5 Le fruit est mûr quand il se détache facilement. Cueillez régulièrement pour stimuler la production. Quand la fructification est terminée, rabattez toutes les vieilles cannes fructifères.

Les myrtilliers

Les myrtilles sont délicieusement sucrées, un brin acidulées et excellentes pour la santé. Les plantes affichent des teintes automnales vives et de jolies fleurs en clochette. Elles se prêtent particulièrement bien à la culture en pot, qui permet de maîtriser leur milieu, car elles sont exigeantes. Elles ont besoin de soleil et d'un sol qui soit acide, frais et bien drainé. Dans de bonnes conditions, elles prospéreront.

Pot et substrat

Mélangez un terreau de rempotage à base de tourbe avec du sable pour le drainage. Démarrez les jeunes plantes dans un pot de 30 cm de diamètre.

Les techniques de culture

1 Plantez les sujets à racines nues ou en conteneur en automne ou au début du printemps. Arrosez copieusement.
2 Placez le pot dans un endroit abrité et bien ensoleillé.
3 Maintenez le terreau humide, mais non détrempé. Ne le laissez jamais se dessécher. Si possible, employez de l'eau de pluie plutôt que l'eau du robinet, alcaline, qui neutraliserait progressivement le terreau et réduirait la récolte. Si vous utilisez l'eau du robinet, surfacez avec du soufre pour maintenir un milieu acide.
4 Paillez avec des matériaux acides tels que de l'écorce, du terreau de feuilles ou des aiguilles de pin pour maintenir l'humidité autour des racines.
5 Appliquez un engrais liquide pour plantes de sol acide tous les mois pendant la saison de végétation.
6 Les myrtilliers ne sont pas totalement rustiques et pâtissent de la combinaison du froid et de l'humidité. En hiver, enveloppez les pots de toile de jute ou de paille pour isoler les racines du gel. Au printemps, couvrez les fleurs d'un voile de forçage pour les protéger des gelées tardives.
7 Rempotez tous les deux ans jusqu'à un pot définitif de 40 à 50 cm de largeur, ou plus. Ensuite, remplacez le terreau tous les deux ou trois ans.

La santé des plantes

Les myrtilliers sont relativement exempts de problèmes. Les oiseaux sont leur pire ennemi.

Les myrtilliers sont des plantes séduisantes qui accompagnent en beauté des espèces ornementales comme ces cheveux d'ange (*Stipa tenuissima*).

Les myrtilles sont mûres quand elles sont d'un bleu homogène couvert d'une pruine blanche caractéristique.

Tendez un filet de protection s'ils sont trop gourmands (voir p. 63). Les plantes en pot sont sujettes à l'oïdium (voir p. 34), courant en milieu trop sec. Supprimez aussitôt les parties infectées pour éviter la propagation de la maladie. À titre préventif, respectez un bon régime d'arrosage. Paillez et arrosez régulièrement pour maintenir le terreau humide.

Récolte et conservation

Le fruit est prêt pour la cueillette quand il est d'un bleu foncé profond, à partir du milieu de l'été. Cueillez souvent car les fruits ne mûrissent pas tous en même temps. Les myrtilles se dégustent fraîches. On peut les congeler ou bien en faire des confitures ou des conserves.

VARIÉTÉS hâtives : 'Spartan' ; mi-saison (autofertiles) : 'Bluecrop', 'Chippewa', 'Northcountry', 'Northsky', 'Sunshine Blue' ; tardives : 'Chandler' (autofertile), 'Duke'.

Conseils d'expert

- Certains cultivars de myrtilliers sont autofertiles, mais ils produisent davantage de fruits s'ils bénéficient d'une pollinisation croisée entre deux sujets. Trois buissons devraient fournir une récolte abondante.
- Les deux premières années, maintenez simplement une structure ouverte et supprimez les tiges mortes, abîmées ou malades. Ensuite, taillez en hiver, pendant la dormance. Rabattez un quart des rameaux dominants et environ la moitié des rameaux plus faibles pour favoriser une repousse vigoureuse.
- Placez une soucoupe sous le pot pendant la saison de végétation pour éviter le dessèchement du terreau et la perte des nutriments. Retirez-la en hiver sous peine d'engorgement du terreau.

Irrésistibles myrtilliers

Le myrtillier est une plante délicate qui exige un sol frais, léger et acide. La culture en pot est donc idéale car elle permet de satisfaire précisément ces besoins. C'est aussi une plante décorative qui affiche des fleurs ravissantes, de belles teintes d'automne et des fruits appétissants. Elle a belle allure dans le pot en terre le plus sobre.

Si vous plantez un seul myrtillier, vérifiez qu'il est autofertile, comme 'Sunshine Blue' ou 'Bluecrop' (voir p. 61). Si l'espace le permet, la plantation de plusieurs sujets garantit une belle récolte. Arrosez le myrtillier avant de la planter dans du terreau à base de tourbe. N'utilisez surtout pas de terreau de rempotage ordinaire, qui est trop alcalin et provoquerait une mort lente. Paillez avec des aiguilles de pin ou de l'écorce, qui ne modifieront pas l'acidité du terreau. Placez les myrtilliers dans un lieu abrité et ensoleillé.

Arrosez régulièrement avec de l'eau de pluie si possible plutôt que de l'eau du robinet (voir p. 60). Pendant la saison de végétation, placez une soucoupe sous le pot (voir p. 61).

Si vous supprimez les bourgeons à fruits à leur apparition la première année, vous obtiendrez des récoltes beaucoup plus abondantes à long terme. La deuxième année après la plantation ainsi que les suivantes, appliquez un engrais pour tomates quand la floraison commence.

Rappelez-vous que les baies mûrissent de façon échelonnée. Vérifiez et cueillez régulièrement pour ne pas en laisser passer.

La myrtille est un fruit délicieux, souvent qualifié de « superaliment » pour ses nombreuses vertus, et assez coûteux dans le commerce. De bonnes raisons de la cultiver.

La plantation du myrtillier

Le matériel

- pot en terre cuite de 30 cm de diamètre, ou plus ;
- matériau de drainage ;
- sable horticole ;
- terreau à base de tourbe ;
- jeune myrtillier ;
- filet.

1 Tapissez le fond du pot de matériau de drainage pour une bonne évacuation de l'eau d'arrosage. Mélangez le sable et le terreau à base de tourbe : une part de sable pour deux parts de terreau.

2 Arrosez copieusement le myrtillier avant de le planter à la même profondeur que dans son pot d'origine. Le collet de la plante doit être situé juste en dessous de la surface.

3 Arrosez bien et maintenez le terreau humide pendant l'établissement de la plante. Pensez à utiliser de l'eau de pluie, que le myrtillier préfère à l'eau du robinet. Puis, étalez un paillis autour de la plante. Arrosez et fertilisez régulièrement (voir p. 60).

4 Protégez les baies des oiseaux par un filet ; veillez à ce qu'il couvre entièrement la plante, mais écartez-le des fruits avec des tuteurs afin que les oiseaux ne puissent picorer à travers les mailles. Tendez le filet dès l'apparition des bourgeons à fruits car les oiseaux s'en délectent aussi.

5 Le myrtillier aime la chaleur. Offrez-lui l'emplacement le plus ensoleillé possible, pour sa santé et la production abondante de ses délicieuses baies. Si le pot se trouve en plein soleil, soyez attentif à l'arrosage. Cueillez les baies régulièrement car elles mûrissent de façon échelonnée.

Groseilliers & cassissiers

Ces plantes de la même espèce sont faciles à vivre. Les groseilles rouges et blanches sont assez acides et surtout utilisées en pâtisserie ; les arbustes peuvent être conduits en cordon, en éventail ou sur tige. Les cassissiers, aux baies sucrées et acidulées, sont vigoureux et généralement formés en buisson.

Pot et substrat

Le cassissier demande un pot de 40 cm ; les groseilliers rouge et blanc un pot de 30 cm. Mélangez du sable et du terreau pour balcon (voir p. 66).

Les techniques de culture

1 Pendant la dormance, plantez les groseilliers à la même profondeur qu'en terre ou que dans leur pot d'origine. Plantez les cassissiers un peu plus profond (voir p. 67). Arrosez bien.

2 La groseille supporte mieux l'ombre que le cassis, mais tous deux sont plus sucrés au soleil.

3 Paillez au printemps et arrosez par temps sec. Appliquez un engrais universel liquide pendant la saison de végétation.

4 Rempotez tous les deux ou trois ans dans un pot de la même taille ou un peu plus grand. Renouvelez le mélange et rabattez les racines d'un tiers.

Conseils d'expert

- Taillez en début de printemps. Rabattez les tiges les plus âgées des cassissiers à un tiers. Rabattez les groseilliers à des bourgeons sains pour ne garder que huit à dix tiges bien espacées.
- Surélevez les pots sur des briques en hiver afin que l'excédent d'eau s'écoule librement.

La santé des plantes

Protégez les baies des oiseaux (voir p. 67).
Au printemps, surveillez les pucerons, qui infligent des boursouflures au revers des feuilles.
Le phytopte du cassissier se nourrit à l'intérieur des bourgeons : éliminez les bourgeons infestés et détruisez les plantes très touchées.

Récolte et conservation

Lentes à mûrir, les baies semblent bonnes avant de l'être. Consommez les fruits frais, en gelée ou en confiture, ou congelez-les.

VARIÉTÉS cassis : 'Ben Connan', 'Ben Lomond', 'Ben Sarek' ; groseille rouge : 'Jonkheer van Tets', 'Red Lake', 'Stanza' ; groseille blanche : 'Versailles Blanche', 'White Grape'.

Les groseilles blanches sont un peu plus petites et plus douces que les rouges mais se consomment de la même façon.

Quand elles semblent mûres, laissez les groseilles rouges encore un peu sur l'arbuste afin qu'elles gagnent en sucre.

Plus les cassis restent longtemps sur l'arbuste, plus leur teneur en sucre augmente.

La vigne

Même dans un petit espace, la vigne mérite une tentative. Avant d'offrir ses grappes charnues, ses grandes feuilles découpées sont un bel ornement. Elle peut être palissée sur un mur ou une clôture ou encore conduite sur tige. Elle fructifiera volontiers dans un lieu ensoleillé et cueillir son propre raisin, à croquer, à savourer en jus ou à vinifier, est une jolie façon de terminer la saison.

Pot et substrat

Plantez dans un pot de 30 cm de large, ou plus, dans du terreau pour balcon additionné de sable.

Les techniques de culture

1 Plantez entre la fin de l'automne et la fin du printemps (voir p. 68), dans un lieu très ensoleillé. Arrosez et paillez.
2 Dès la mise à fruits, appliquez un engrais liquide pour tomates toutes les semaines.
3 Arrosez copieusement par temps sec, surtout la première année.
4 Supprimez toutes les fleurs les deux premières années ; ne laissez que trois grappes sur une vigne âgée de trois ans, puis cinq sur une vigne âgée de quatre ans. Elle pourra ensuite fleurir et fructifier librement.
5 Renouvelez les 15 cm superficiels du terreau tous les ans au printemps.

La santé des plantes

Protégez les fruits des guêpes et des abeilles par un filet ou enveloppez chaque grappe d'une étamine ou d'un collant. Des moisissures sur les feuilles sont le symptôme de l'oïdium (qui peut se propager aux tiges et aux fruits, voir p. 34), ou du mildiou. La pourriture grise infecte parfois les grappes en développement. Arrosez régulièrement à titre préventif et taillez les pousses en surnombre.

Conseils d'expert

- Taillez en début d'hiver : rabattez toutes les pousses à un ou deux bourgeons pour un port compact.
- Guidez et éclaircissez les jeunes pousses au printemps et en été.
- Coupez les feuilles autour des fruits pour que le soleil donne sur les raisins et les fasse mûrir.

Récolte et conservation

Quand les grains sont souples, doux et sucrés, entre la fin de l'été et le milieu de l'automne, ils sont mûrs. Dégustez le raisin de table tout frais cueilli ou conservez-le au réfrigérateur jusqu'à deux semaines. Vous pouvez croquer le raisin à vin, mais son meilleur emploi est le jus ou le vin.

VARIÉTÉS vin blanc : 'Chardonnay', 'Seyval Blanc' ; de table rouge : 'Muscat de Hambourg', 'Schiava Grossa' ; de table blanc : 'Muscat d'Alexandrie', 'Siegerrebe' ; mixte : 'Boskoop Glory'.

Exposez les jeunes fruits au soleil en supprimant les feuilles qui retarderaient la maturation.

Le cassis, survitaminé

Ces petites baies sont riches en vitamine C et assez coûteuses dans le commerce, c'est donc un double plaisir de les cultiver. Le cassissier est d'entretien facile et très productif, pourvu que vous cueilliez les fruits avant le passage des oiseaux. Un pot en terre vernissée décoratif le met en valeur et retient l'eau plus longtemps que la terre cuite. Après la cueillette, récoltez les feuilles pour confectionner une délicieuse infusion.

Plantez les sujets à racines nues entre le milieu de l'automne et l'hiver, au soleil. Les cassissiers ont une croissance vigoureuse et demandent un pot plus grand que les groseilliers. Ils sont généralement formés en buisson. Mélangez deux parts de terreau pour balcon et une part de sable, pour un bon drainage. Enterrez une partie de la tige pour favoriser la production de nombreuses pousses vigoureuses à la base. Rabattez aussitôt une partie des tiges presque au ras du sol. La récolte sera moindre la première année, mais la plante sera plus robuste. Si vous plantez un sujet élevé en conteneur à une autre période de l'année, réalisez cette taille entre le milieu de l'automne et le début du printemps.

Les cassissiers sont gourmands en eau et en nutriments. Paillez au printemps, puis fertilisez et arrosez bien pendant la saison de végétation.

Ne taillez pas l'année suivant la plantation. Par la suite, en début de printemps, rabattez les vieilles tiges à un tiers, presque au ras du sol (le bois âgé est plus foncé). Vous encouragez ainsi un port ouvert et la production de jeunes pousses à la base qui fructifieront plus tard dans la saison. Rempotez tous les deux ou trois ans (voir ci-contre).

Pour distinguer un groseillier d'un cassissier quand ils ne portent pas de fruits, froissez les feuilles : celles du second ont un parfum doux et caractéristique de cassis.

La plantation d´un cassissier à racines nues

Le matériel

- cassissier à racines nues (voir p. 64) ;
- seau d'eau ;
- matériau de drainage ;
- grand pot décoratif de 40 cm de diamètre, ou plus ;
- terreau pour balcon ;
- engrais universel à libération lente (voir p. 15) ;
- sécateur ;
- filet.

1 Baignez la plante à racines nues dans un seau d'eau dès son arrivée. Tapissez le fond du pot d'une couche de matériau de drainage et emplissez à moitié le pot de terreau. Incorporez l'engrais pour aider les racines à s'établir rapidement et donner un bon départ à la plante.

2 Plantez le cassissier profondément (le collet à 8 cm sous la surface du terreau) pour provoquer une repousse de jeunes tiges robustes de la base. Répartissez le terreau autour des racines, puis emplissez le pot de terreau et tassez. Imprégnez complètement le terreau d'eau et ajoutez-en si nécessaire.

3 Après la plantation, rabattez une partie des tiges à 3 cm de haut, au sécateur. Puis ajoutez une couche de paillis. Arrosez et fertilisez régulièrement.

4 Protégez les fruits des oiseaux par un filet, en début d'été. Tendez bien le filet afin que les oiseaux ne puissent pas picorer à travers ni se faire piéger.

5 Pour récolter les variétés modernes, coupez les grappes entières. Les variétés plus anciennes mûrissent progressivement : cueillez les baies une à une.

Du raisin sur la vigne

Si vous choisissez soigneusement votre variété (voir p. 65) et que vous placez la vigne en situation chaude et ensoleillée, vous aurez le plaisir de croquer votre raisin ou d'en faire du jus ou du vin. En pot, conduisez la vigne sur tige. Et pourquoi ne pas investir dans une plante déjà formée pour profiter plus tôt de votre première vendange ?

La vigne se porte bien en conteneur. Un grand pot de 40 cm de diamètre et de profondeur permet d'y laisser le pied pendant des années. Supprimez toutes les fleurs les deux premières années (voir p. 65). Bien taillée, une vigne est une belle plante qui offre en outre de belles couleurs d'automne. Idéalement, les plantes élevées en conteneur sont plantées en fin de printemps quand la végétation a démarré, alors que celles à racines nues peuvent être installées à tout moment entre la fin de l'automne et le début du printemps. Offrez-leur un terreau pour balcon, qui ne se dessèche pas trop vite, additionné de sable pour le drainage.

Pour obtenir des grains sucrés, consacrez à cette plante un emplacement le plus chaud et le plus ensoleillé possible. L'idéal est toutefois de garder les racines au frais : paillez avec de gros galets ou plantez une plante à port bas comme un géranium, qui protégera le pot du soleil direct. Ou bien associez d'autres pots qui lui procureront de l'ombre.

Ci-dessus : pour protéger les racines du soleil, installez une plante à port bas dans le pot, comme ce géranium. Tel un paillis, il aidera à maintenir la fraîcheur du pot.

Ci-contre : avec un arrosage et une fertilisation consciencieuses, votre vigne devrait produire une profusion de grappes saines et juteuses.

La plantation de la vigne

Le matériel

- pot en terre cuite de 40 cm de diamètre et de profondeur, ou plus ;
- matériau de drainage ;
- terreau pour balcon mêlé de sable horticole ;
- engrais à libération lente (voir p. 15) ;
- vigne sur tige ;
- filet.

1 Tapissez le fond du pot d'une couche de matériau de drainage, puis emplissez à moitié le pot de terreau.

2 Incorporez une poignée d'engrais avec un transplantoir. Placez la vigne, dans son pot d'origine, sur le terreau pour vérifier qu'elle sera plantée à la même profondeur que précédemment. Ajustez la hauteur du terreau.

3 Retirez la vigne de son pot et placez-la au centre du nouveau conteneur. Entourez la motte de racines de terreau et tassez bien. Installez ensuite la plante à port bas. Arrosez copieusement et paillez.

4 Arrosez régulièrement les étés secs (voir p. 65). Commencez à appliquer un engrais liquide pour tomates une fois par semaine quand les petites grappes apparaissent.

5 Sans blesser les fruits, supprimez les feuilles autour des grappes pour les exposer au soleil. Posez un filet pour protéger le raisin en cours de maturation des oiseaux. Cueillez quand il est bien sucré (voir p. 65).

Les fraisiers

Le port compact et rampant du fraisier en fait une culture idéale en pot ou en suspension. De plus, les fruits surélevés sont plus faciles à surveiller et à cueillir, et moins vulnérables aux attaques des limaces et des escargots. Si vous plantez des variétés différentes, vous récolterez des fraises de la fin du printemps à l'automne. Chaque variété a une fructification brève mais intense, d'une durée de deux ou trois semaines. Les variétés sont classées selon cette période : début, milieu ou fin d'été. Les fraisiers remontants produisent de petites récoltes continuellement du début de l'été au début de l'automne.

Pot et substrat

Plantez dans tous types de pot, de suspension (voir p. 72-73) ou de balconnière, ou même dans un sac de culture de 10 cm de profondeur ou plus. Six plants prospéreront dans une suspension de 35 cm de large, quatre ou cinq dans un sac de culture, une balconnière ou un pot de 20 cm de large. Résistez à la tentation d'une plantation trop dense. Emplissez le contenant de terreau de rempotage universel de bonne qualité.

Veillez à planter les jeunes stolons à la bonne profondeur, le collet au niveau du sol.

Les techniques de culture

1 Plantez en fin d'été ou en début d'automne, afin que les racines s'établissent avant l'arrivée du froid hivernal. Vous pouvez aussi planter en début de printemps, mais la récolte sera moins importante la première année. Placez le collet au niveau du sol. Si les fraisiers sont plantés trop profondément, ils pourrissent ; trop en surface, ils se dessèchent et meurent. Arrosez bien.

2 Placez les pots dans un endroit abrité et ensoleillé.

3 Arrosez copieusement et appliquez un engrais universel liquide après la plantation pour aider les plantes à s'établir. Les racines superficielles se dessèchent rapidement : arrosez peu mais souvent pour maintenir le terreau humide sans le détremper.

Conseils d'expert

- Achetez uniquement des variétés certifiées indemnes de virus.
- Placez une cloche ou un voile de forçage en début de printemps pour avancer la floraison, et donc la fructification, d'une semaine. Retirez-les en journée pour laisser l'accès aux insectes pollinisateurs.
- Si les pots sont dans un lieu venté, ou simplement pour assurer une bonne récolte, pollinisez les fleurs vous-même avec un petit pinceau.
- Supprimez les stolons (à moins de vouloir multiplier les plantes) pour concentrer la sève sur les fleurs et les fruits.
- Après la récolte, supprimez les tiges et les fleurs anciennes, les stolons en excès ainsi que la paille. Appliquez un engrais universel liquide.
- Remplacez les pieds au bout de trois ou quatre ans, quand ils donnent moins.
- Les fraisiers sont faciles à multiplier : laissez les stolons s'enraciner, puis transplantez-les en pots individuels.
- Les fraisiers des bois, plus petits que les autres types, sont superbes en pot. Remontants, ils fructifient jusqu'aux gelées.

Un pot à fraisiers en terre est un contenant pratique et original pour cultiver les fraisiers dans un petit espace.

Cueillez les fraises à maturité, de préférence par une journée chaude et ensoleillée, quand la chaleur rehausse les parfums.

4 Paillez avec de la paille pour conserver l'humidité et garder les fruits propres et secs.
5 Une fertilisation régulière est essentielle pour les fraisiers en pot. Appliquez un engrais liquide pour tomates chaque semaine environ pendant la floraison et la fructification.

La santé des plantes

En conditions humides, la pourriture grise est un danger. Arrosez toujours par le dessous et assurez une bonne circulation d'air autour des plantes. Enveloppez les pots d'un filet contre les oiseaux. Protégez les pieds des escargots et des limaces (voir p. 32).

Récolte et conservation

Les fraises sont prêtes à être cueillies quand elles sont d'un rouge vif uniforme. Récoltez-les à l'heure la plus chaude du jour (elles sont plus sucrées et parfumées) et juste avant de les déguster car elles se conservent mal. Des variétés comme 'Totem' se congèlent bien et font d'excellentes confitures.

VARIÉTÉS hâtives : 'Gariguette', 'Hapil', 'Honeoye', 'Korona' ; pleine saison : 'Cambridge Favourite', 'Cireine', 'Cigoulette', 'Darselect', 'Pajaro', 'Totem' ; tardives : 'Seascape', 'Selva', 'Symphony' ; remontantes : 'Belle Bourbonnaise', 'Maestro', 'Mara des Bois', 'Viva Rosa'.

Épargnez-vous la pose d'un paillis : plantez les fraisiers dans un sac de culture percé de trous.

Les fraisiers en suspension

Ces fruits délicieux et délicatement parfumés ont un charme très particulier et leur culture permet de les cueillir à leur apogée. Les plantes installées en suspension seront à l'abri des limaces et un panier constitue une petite surface facile à protéger de la gourmandise des oiseaux par un filet. Comme vous ne pourrez cultiver que quelques plantes dans le panier, ajoutez une touche déco en le tapissant d'une jolie toile cirée.

Plantez six fraisiers dans une suspension de 35 cm de diamètre, un peu moins dans un pot plus petit (voir p. 70). La surpopulation favorise les maladies cryptogamiques. Achetez de jeunes plants en godet ou à racines nues et plantez-les en fin d'été, en début d'automne ou au printemps.

Pour stimuler l'établissement des racines et obtenir une récolte plus abondante l'année suivante, pincez les fleurs des fraisiers plantés au printemps la première année.

Maintenez le terreau humide en permanence par un arrosage quotidien pendant la saison de végétation (voir p. 70). Emplissez d'eau un pot placé au centre de la suspension (voir étape 3, ci-contre) au lieu d'arroser directement la terre. À l'apparition des fleurs, appliquez un engrais pour tomates tous les sept à dix jours. En fin de saison, supprimez les vieilles feuilles et tiges, les fruits et le paillis. Le collet des plantes sera ainsi exposé au froid hivernal, ce qui déclenchera la dormance indispensable à la production de nouveaux collets l'année suivante.

Ci-dessus : les abeilles adorent les fleurs de fraisier et les pollinisent. En revanche, elles détestent le vent. Placez donc la suspension dans un endroit abrité.

Ci-contre : cueillez aux heures les plus chaudes, les fruits sont plus sucrés et plus parfumés. Cassez ou coupez le pédoncule. Ne tirez pas sur le fruit, qui est fragile et s'abîme facilement.

La plantation d'un fraisier en suspension

Le matériel

- suspension et feutre horticole ;
- toile cirée ;
- marqueur et ciseaux ;
- terreau universel ;
- 6 plants de fraisier ;
- petit pot en plastique ;
- paille ou paillis en fibre végétale.

1 Utilisez le feutre comme patron : reportez sa forme au marqueur sur la toile cirée, puis découpez le cercle ainsi dessiné.

2 Posez la toile cirée au fond du panier, bien ajustée le long du bord. Percez des trous dans la toile avec des ciseaux. Ajoutez le feutre et emplissez le panier aux deux tiers de terreau universel.

3 Enterrez un petit pot percé de trous de drainage au centre du panier, pour un arrosage homogène. Plantez les fraisiers à intervalles réguliers le long du bord du panier. Ajoutez un peu de terreau et arrosez bien. Arrosez et fertilisez régulièrement.

4 Quand les fruits apparaissent, déposez un paillis de fibre végétale ou de paille. Il protégera les fraises de la pourriture et conservera l'humidité. Les racines de fraisier souffrent d'un séjour dans un sol trop humide : arrosez peu et souvent.

5 Cueillez les fraises à maturité, quand elles sont d'un rouge foncé homogène. Inspectez les plantes régulièrement pour ne pas perdre de fruits. Un fruit trop mûr pourrit rapidement : supprimez-le donc aussitôt avant qu'il ne transmette des maladies.

Les légumes

…omates

…ates se prêtent idéalement à la culture en pot. Il en existe trois types : celles à port indéterminé, à tuteurer et à pincer au fil de la croissance (voir p. 80) ; celles à port déterminé, qui demandent moins d'entretien ; et les rampantes, parfaites en suspension (voir p. 78). Vous pouvez acheter de jeunes plants au printemps mais les graines offrent un choix de variétés plus vaste.

Pot et substrat

Cultivez les tomates dans un pot de 30 à 45 cm de profondeur empli de terreau pour balcon, ou dans un sac de culture.

À la plantation, enterrez les tomates jusqu'aux premières feuilles pour favoriser la production de racines à partir de la tige.

Aidez les fleurs à fructifier en les brumisant ou en les tapotant pour libérer le pollen.

Les techniques de culture

1 En début de printemps, placez quatre ou cinq graines sur le terreau de semis frais, dans un petit pot, et couvrez de film étirable pour conserver un taux d'humidité élevé.

2 Placez le pot sur un rebord de fenêtre chaud et ensoleillé. Les graines lèvent en deux semaines.

3 Repiquez les plantules en pots individuels.

4 Rempotez dans des pots plus grands quelques semaines plus tard. Quand les plants sont assez grands et le temps assez chaud pour les sortir dans leur pot définitif, plantez une tomate par pot (deux par sac de culture), en les enterrant jusqu'aux premières feuilles.

5 En début d'été, endurcissez les pieds sur deux ou trois semaines avant de les laisser exposés au soleil direct ou à la lumière vive filtrée, en milieu d'été.

6 Tuteurez les tomates à port indéterminé au fil de leur croissance. Ne gardez qu'une tige principale et pincez tous les rameaux secondaires qui se forment aux aisselles des feuilles

Conseils d'expert

- Maintenez le terreau humide mais non détrempé. Un excès d'arrosage provoque des maladies et lessive les nutriments. Les fruits perdent également en saveur.
- Les tomates sont mûres quand elles sont de couleur uniforme. Les fruits restés sur la plante à la fin de l'été ne mûriront pas avant les gelées. Cueillez-les et faites-les mûrir en intérieur.
- Installez des plantes compagnes. L'œillet d'Inde éloigne les aleurodes et attire les abeilles pollinisatrices. La bourrache écarte le sphinx de la tomate. Le basilic accroît la saveur des fruits.

Les carottes et les tomates sont réputées être des plantes compagnes mutuellement bénéfiques.

Les tomates mûres gardent leurs qualités si elles restent sur la plante mais perdent leur saveur dans le réfrigérateur.

(voir p. 81). Quand cinq grappes se sont développées, pincez le sommet de la plante à deux feuilles au-dessus de la dernière grappe. Vos tomates auront ainsi le temps de mûrir avant les gelées. Les tomates à port déterminé et rampantes ne requièrent ni tuteurage ni pinçage.

7 Arrosez régulièrement et appliquez un engrais liquide pour tomates une fois par semaine après l'apparition des premières feuilles.

La santé des plantes

Un arrosage et une fertilisation réguliers limitent les problèmes. Des apports d'eau irréguliers craquèlent les fruits, qui restent toutefois comestibles. Un arrosage irrégulier associé à une carence en calcium peut causer une nécrose apicale des fruits (taches brunes déprimées à la base du fruit). Les étés humides, surveillez le mildiou de la tomate (taches brun chocolat sur les feuilles et tiges noircies, voir p. 35). Aux premiers signes de mildiou, cueillez toutes les tomates et laissez-les mûrir à l'intérieur.

Récolte et conservation

Les tomates mûres restent volontiers sur la plante pendant deux semaines – c'est l'idéal car elles sont plus savoureuses fraîchement cueillies. Elles se conservent à température ambiante pendant quatre ou cinq jours et peuvent être congelées sous forme de coulis ou de sauce. Elles se conservent aussi en bocaux, séchées, marinées dans le vinaigre ou en chutney.

VARIÉTÉS à port déterminé : 'Legend', 'Tornado' ; à port indéterminé : 'Alambra', 'Délice du Jardinier', 'Shirley' ; rampante : 'Tumbler'.

Tomates cerises en panier

Si vous manquez d'espace, la suspension est la solution idéale. Elle exploite l'espace vertical, est très décorative et vraiment productive. Les tomates à port déterminé et rampantes sont spécialement sélectionnées pour les petits pots et les paniers. Retombant en cascade., elles offrent une profusion de fruits doux et aromatiques. Ces variétés demandent très peu d'entretien : vous pouvez les laisser vivre leur vie !

Au lieu de la mousse de sphaigne traditionnelle, garnissez la suspension avec de la fibre de coco ou du sisal et ajoutez un disque de plastique, découpé dans un sac de terreau vide, pour retenir l'eau. Un seul pied suffira dans un panier standard de 35 cm de diamètre. Pour planter, placez le panier dans un grand pot qui le stabilisera. Dans une suspension, le terreau de rempotage universel est préférable à celui pour balcon, trop lourd quand il est humide. Pour conserver l'humidité pendant les étés secs ou en cas d'absence, mélangez un gel hydrorétenteur au terreau avant de planter. Maintenez le substrat humide (voir p. 76), ce qui peut exiger un arrosage quotidien. Dès l'apparition des fleurs, fertilisez toutes les semaines.

Ci-contre : un pied de tomate dans une suspension peut être aussi décoratif qu'une potée de fleurs. Accrochez le panier à proximité de la cuisine pour simplifier la cueillette.

La plantation d'un pied de tomate en suspension

Le matériel

■ suspension ■ fibre de coco ou sisal ■ disque en plastique découpé dans un sac de terreau vide ■ terreau de rempotage universel ■ gel hydrorétenteur ■ engrais à libération lente (facultatif) ■ tomate à port déterminé (voir p. 77).

1 Tapissez le panier de coco ou de sisal, bien ajusté le long des bords. Ajoutez le cercle en plastique. Emplissez le panier de terreau de rempotage aux deux tiers.

2 Ajoutez le gel hydrorétenteur, selon les instructions du fabricant, et mélangez-le bien au terreau. Vous pouvez aussi incorporer un engrais à libération lente (voir p. 15) à ce stade si vous le souhaitez.

3 Plantez le pied au centre du panier, enterré jusqu'aux premières vraies feuilles. Remplissez de terreau et tassez au fur et à mesure. Laissez un espace entre le terreau et le haut du panier pour faciliter l'arrosage. Arrosez copieusement.

4 Dès la formation des premières fleurs jaunes, distribuez un engrais liquide pour tomates toutes les semaines. (Notre plante était déjà en fleur, nous avons donc fertilisé dès la plantation.) Maintenez le terreau humide par des arrosages très réguliers.

5 Les tomates sont toujours un pur délice quand elles sont fraîchement cueillies et chauffées par le soleil. Essayez de les consommer sitôt récoltées.

La tomate en pot profond

Le goût des tomates du jardin est incomparable : elles possèdent une saveur douce et riche que n'offrent pas les meilleurs fruits du commerce. Cela suffit à expliquer le succès rencontré par leur culture. Donnez-leur un coup de pouce et assurez une récolte optimale grâce à des plantes compagnes telles que l'œillet d'Inde (*Tagetes patula*) et le basilic. Le basilic écarterait les aleurodes et intensifierait la flaveur des fruits et les œillets d'Inde attireraient les abeilles pollinisatrices.

Il existe des centaines de variétés de tomate (voir p. 77) et toutes peuvent être obtenues par semis sous abri en début de printemps. Semez-les en petits pots et placez-les sur un rebord de fenêtre chaud et ensoleillé (voir p. 76). Repiquez-les dans des pots plus grands au bout de sept semaines environ et plantez-les en extérieur en début d'été.

Sinon, vous pouvez acheter de jeunes plants en jardinerie ou bien par correspondance. Endurcissez-les quelques jours avant de les installer en extérieur et consacrez-leur l'endroit le plus chaud et le plus ensoleillé du jardin. Plantez un seul pied de tomate par contenant car c'est une plante gourmande. Le terreau ne doit jamais se dessécher, ce qui implique un arrosage quotidien par temps très chaud. Vérifiez quel type de tomate vous cultivez, car les tomates à port indéterminé doivent être tuteurées et les rameaux secondaires pincés. Appliquez un engrais liquide pour tomates dès l'apparition des fleurs.

Ci-dessus : cueillez les tomates quand elles sont d'un beau rouge uniforme et dégustez-les immédiatement. D'autres mûriront tour à tour et vous poursuivrez la récolte.

Ci-contre : pincez régulièrement les pousses latérales et tuteurez pour obtenir une plante haute et mince sur une seule tige.

La plantation d'un pied de tomate en pot profond

Le matériel

- petits pots, terreau universel, graines de tomate à port indéterminé et film étirable ;
- pot profond en terre cuite ;
- matériau de drainage (voir p. 15) ;
- terreau pour balcon ;
- canne de bambou et ficelle ;
- 3 plants de basilic, 3 œillets d'Inde.

1 Semez quatre ou cinq graines dans un petit pot de terreau universel frais, en début de printemps. Couvrez de film étirable. Maintenez le terreau humide. Repiquez les plantules dans des pots individuels (voir p. 76) et sortez-les quand il fait assez chaud.

2 En début d'été, tapissez le fond d'un pot de matériau de drainage. Emplissez-le à moitié de terreau pour balcon. Plantez un pied de tomate au centre, jusqu'aux premières feuilles saines (voir p. 76). Comblez avec du terreau et arrosez bien.

3 Tuteurez le plant de tomate : liez-le au tuteur avec de la ficelle. Puis installez les plants de basilic et les œillets d'Inde autour de la tomate. Arrosez à nouveau et paillez. (Si vous préférez, plantez d'autres plants de tomate issus de semis.)

4 Liez la tomate à son tuteur au fil de sa croissance. Fertilisez et arrosez régulièrement. Pincez les bourgeons végétatifs du basilic pour le fortifier et éviter la floraison. Récoltez régulièrement les feuilles de basilic.

5 Pincez les rameaux secondaires qui poussent aux aisselles, entre la tige principale et les pousses latérales. Quand cinq grappes se sont formées, pincez le sommet de la plante à deux feuilles au-dessus de la dernière grappe. Cueillez les tomates à maturité.

Les aubergines

Ravissantes fleurs violettes, fruits rebondis et luisants, belles feuilles duveteuses : les aubergines offrent un spectacle attrayant. Leurs tailles et leurs couleurs sont variées, mais tous les fruits ont la même saveur douce.

Pot et substrat

Plantez un pied dans un pot de 30 cm de diamètre (moins pour les variétés naines) empli de terreau de rempotage universel de bonne qualité. Comptez trois pieds dans un sac de culture.

Les techniques de culture

1 Les aubergines demandent de longs étés chauds. En région tempérée fraîche, choisissez des variétés à fruits petits et minces, qui mûrissent plus facilement (voir p. 84). Partir de jeunes plants fait gagner du temps, et les plants greffés davantage encore.
2 Si vous semez, faites-le en début de printemps et placez le pot sur un rebord de fenêtre chaud et ensoleillé, à 20 °C. Ne laissez pas le terreau se dessécher.
3 Repiquez les plantules en pots individuels, puis dans leurs pots définitifs quand tout risque de gel est passé, après les avoir endurcies pendant quelques jours.

Conseils d'expert

- Quand le pied atteint 30 cm, pincez la tige principale pour stimuler la croissance de pousses latérales.
- Tuteurez les grandes plantes.
- Pour favoriser la fructification, tapotez les fleurs pour libérer le pollen, brossez-les avec un petit pinceau ou brumisez-les.
- Retirez les pétales qui adhèrent aux fruits pour éviter la pourriture grise et coupez les feuilles inférieures quand les fruits se développent pour améliorer la circulation de l'air.

Mûres et brillantes, les aubergines sont délicieuses coupées en tranches et grillées au barbecue avec de l'huile d'olive.

4 Installez le pied dans le lieu le plus chaud et le plus ensoleillé possible.
5 À l'apparition des fruits, appliquez toutes les deux semaines un engrais liquide pour tomates.

La santé des plantes

Vaporisez le feuillage tous les jours pour éviter l'araignée rouge. Éliminez les pucerons à la main (voir p. 34). Supprimez aussitôt les pousses atteintes de pourriture grise. Un arrosage régulier prévient la nécrose apicale des fruits.

Récolte et conservation

Récoltez quand les fruits sont colorés et brillants. Ils se conservent deux semaines au réfrigérateur. Faites-les mariner au vinaigre ou congelez-les crus ou cuits.

VARIÉTÉS 'Calliope', 'Falcon', 'Galine', 'Mohican', 'Slim Jim' ; naines : 'Bambino', 'Ophelia'.

Poivrons & piments

Poivrons et piments demandent une saison de végétation longue et ensoleillée. Il y a un monde entre les fruits du jardin et ceux du commerce, variez donc les plaisirs, les formes ainsi que les couleurs. Planter directement de jeunes plants, notamment greffés, vous donnera un peu d'avance sur le calendrier et augmentera les chances d'une belle récolte.

Pot et substrat

Plantez dans un pot de 30 cm de diamètre offrant un bon drainage et empli de terreau de rempotage universel. Comptez trois pieds pour un sac de culture. Les variétés très compactes conviennent aux suspensions.

Les techniques de culture

1 Partez de jeunes plants (voir p. 86) ou semez sous abri de la fin de l'hiver au début du printemps (voir p. 87).
2 Maintenez le terreau humide et soyez patient – les graines sont parfois lentes à germer.
3 Placez le pot dans un endroit chaud et ensoleillé : au pied d'un mur chaud (voir p. 86) ou sous abri vitré.
4 Arrosez par temps sec et appliquez un engrais universel liquide à l'apparition des fleurs.

La santé des plantes

Généralement sans problème.

Récolte et conservation

Malgré leurs couleurs diverses, poivrons et piments mûrissent généralement du vert au rouge. Cueillez les fruits au stade de couleur qui vous plaît (voir p. 87). Consommez-les frais ou séchez-les au four ou à l'air libre, suspendus.

VARIÉTÉS piments : 'Apache', 'Chenzo', 'Fiesta', 'Filius Blue', 'Hungarian Hot Wax' ; poivrons : 'Frigitello', 'Marconi Rosso', 'Mohawk', 'Redskin'.

Pincez l'extrémité des pousses quand les plantes atteignent 20 cm, ou juste au-dessus de la première paire de feuilles, pour faire buissonner le pied et augmenter le rendement.

Cueillez des piments encore verts pour encourager la poursuite de la fructification et laissez les autres fruits rougir à la fin de la saison.

Conseils d'expert

- Pincez l'extrémité des pousses pour encourager un port buissonnant.
- Brossez le pollen de fleur en fleur avec un pinceau pour aider la pollinisation.
- Prenez de l'avance en hivernant les plantes dans une serre chauffée. Taillez-les et arrosez avec parcimonie.

Élégantes aubergines

L'aubergine est un légume cher dans le commerce et loin d'offrir l'onctuosité savoureuse des produits de votre culture. Les grands pots indispensables à une bonne récolte sont parfois coûteux ; adaptez d'autres contenants tels que des caisses de rangement en plastique noir qui mettront en valeur les beaux fruits noirs et luisants.

Les aubergines demandent une saison de végétation longue et chaude. N'ayez pas peur de tricher – toute aide est bienvenue pour les aubergines, surtout en région tempérée fraîche. Achetez des plants dès qu'ils sont en vente et repiquez-les dans des pots placés sur un rebord de fenêtre chaud et lumineux, jusqu'à ce que le temps soit assez clément pour les planter dans leur caisse et les sortir. Consacrez aux aubergines l'endroit le plus chaud et le plus lumineux possible. Quand les pieds atteignent 20 à 30 cm, pincez l'extrémité des pousses (voir ci-contre) pour obtenir un port buissonnant. Dès que la floraison commence, appliquez un engrais liquide pour tomates toutes les semaines et brossez les fleurs pour aider la pollinisation (voir p. 82). Les variétés à gros fruits demandent parfois un tuteur pour rester dressées.

Ci-contre : récoltez les fruits quand ils sont encore d'un noir-indigo luisant, avant qu'ils ne deviennent amers.

La plantation d'aubergines en caisse

Le matériel

- caisse de rangement en plastique noir ;
- tournevis ou perceuse ;
- matériau de drainage (voir p. 15) ;
- terreau de rempotage universel ;
- 2 plants d'aubergine (voir p. 82).

1 Percez des trous dans le fond de tout contenant qui n'est pas destiné à la culture s'il n'en a pas. Déposez une couche de matériau de drainage et remplissez la caisse de terreau aux deux tiers.

2 Posez les plantes encore en pot sur le terreau pour déterminer la profondeur de plantation, identique à celle de chaque pot. Dépotez les plantes et installez-les. Ajoutez du terreau pour emplir la caisse. Arrosez copieusement et paillez.

3 Les aubergines ont des besoins en eau importants. Arrosez régulièrement et ne laissez pas le terreau se dessécher. Protégez les pieds des limaces et des escargots (voir p. 32). Appliquez un engrais liquide pour tomates une fois par semaine.

4 Quand chaque plante atteint 20 à 30 cm, pincez l'extrémité des pousses du bout des doigts pour encourager un port buissonnant et une fructification plus précoce et plus abondante.

5 Cueillez les fruits quand ils sont jeunes et brillants ; plus tard, la texture devient cotonneuse et les graines leur donnent une saveur amère. Une récolte précoce stimule également la fructification.

Une potée pimentée

Le piment transfigure de nombreuses recettes et ravive également un jardin. Il mérite de jolis conteneurs comme ces pots classiques en terre cuite plutôt qu'en plastique. Les producteurs se sont pris de passion pour les piments et il en existe maintenant des centaines de variétés. À vous de faire votre choix ! Cultivez-en plusieurs et vous bénéficierez du spectacle jusqu'à la nouvelle année.

Les piments se sèment de la fin de l'hiver à la fin du printemps, mais plus tôt vous sèmerez, plus ils auront le temps de mûrir. La fin d'hiver est la période idéale. Sinon, achetez de jeunes plants en jardinerie ou par correspondance (voir p. 83). Vous aurez toutefois moins de choix de couleurs et de formes qu'avec des graines. Couvrez les semis de film étirable pour conserver un taux d'humidité élevé favorisant la germination. Si vous plantez en extérieur, consacrez aux jeunes piments un endroit abrité et ensoleillé car ils ont besoin d'un été long et chaud pour mûrir. Pincez l'extrémité des pousses pour encourager un port buissonnant et stimuler la fructification (voir p. 83). Les grandes plantes lourdement chargées nécessitent le soutien de deux ou trois tuteurs. Appliquez un engrais liquide pour tomates une fois par semaine quand les fleurs apparaissent et aidez la pollinisation en brossant les fleurs avec un pinceau ou un coton-tige. Si vous laissez mûrir les premiers fruits sur la plante, la récolte sera moins fournie ; récoltez-les quand ils sont verts et vous aurez des piments jusqu'à la fin de l'automne.

Ci-dessus : faites sécher vos piments en réalisant une guirlande décorative avec de la ficelle et suspendez-la au chaud.

Ci-contre : plus les piments sont forts, comme le habanero (dans le pot à droite), plus ils mûrissent lentement – un détail à ne pas oublier en région tempérée fraîche.

Les semis de piments

Le matériel

- godets pour les semis et les plantules ;
- terreau de rempotage universel ;
- graines de piment de 3 variétés ;
- film étirable ;
- pots en terre cuite de 30 cm de diamètre au moins ;
- cannes de bambou et ficelle ;
- matériau de drainage (voir p. 15).

1 Emplissez des godets de 7 cm de terreau de rempotage et tassez légèrement. Arrosez le terreau avant de semer. Semez deux graines par pot. Couvrez les graines d'une couche de terreau très fine et arrosez de nouveau.

2 Couvrez les pots de film étirable. Placez-les sur un rebord de fenêtre chaud et lumineux. À l'apparition d'une seconde paire de feuilles, supprimez la plantule la plus faible pour ne garder qu'une plante saine par pot. Maintenez le terreau humide.

3 Quand les jeunes plantes mesurent 12 cm de haut, repiquez-les dans un pot plus grand. Arrosez copieusement. Quand elles atteignent 20 cm, liez chaque plante à un petit tuteur. Protégez-les des attaques de limaces et d'escargots (voir p. 32).

4 Dès que les gelées sont passés, installez les plantes dans leurs pots définitifs. Déposez une bonne couche de matériau de drainage au fond, puis emplissez de terreau et plantez. Tuteurez. Au début, couvrez d'une cloche en région tempérée fraîche.

5 Arrosez et fertilisez régulièrement. Ne laissez pas les premiers fruits virer au rouge ; cueillez-les quand ils sont encore verts. Vous obtiendrez ainsi plus de piments que vous laisserez mûrir complètement, jusqu'à un rouge vif et brillant.

Les courgettes

La courgette est l'une des cultures les plus rapides, les plus faciles et les plus productives. Mais n'en abusez pas : un ou deux plants suffiront à vous alimenter à profusion tout au long de l'été. Si elles prennent beaucoup de place dans un potager, les courgettes prospèrent dans de grands pots, surtout si vous choisissez une variété compacte.

Cueillez les courgettes jeunes pour favoriser une récolte abondante et continue.

Pot et substrat

Gourmandes, les courgettes exigent un grand contenant de 60 cm de large ou bien un sac de culture. Mélangez du terreau de rempotage avec du fumier bien décomposé et un peu d'engrais universel.

Les techniques de culture

1 Semez en fin de printemps ou plantez de jeunes plants en début d'été. Posez deux ou trois graines, à plat, dans le contenant et placez celui-ci au chaud et au soleil.
2 Éclaircissez : gardez une plantule robuste par pot.
3 Maintenez le terreau humide, notamment à l'apparition des fruits. Arrosez autour des plantes, pas du dessus, pour éviter le pourrissement.
4 Après la mise à fruits, appliquez un engrais liquide pour tomates ou universel toutes les deux semaines.

La santé des plantes

Attentions aux limaces (voir p. 32). Contre l'oïdium, arrosez bien les plantes, surtout en fin d'été (voir p. 34).

Essayez de récolter les fleurs encore attachées. Faites-les frire entières, ou en beignets, ou ajoutez-les à vos salades.

Conseils d'expert

- Les graines de courgette, grosses et plates, sont enclines à pourrir. Semez-les donc sur leur côté étroit.
- Enterrez un petit pot dans le terreau, à côté de la plante. Pour l'arrosage, versez l'eau dedans. Elle descendra directement vers les racines, sans stagner autour du collet et risquer de le faire pourrir.

Récolte et conservation

Récoltez du milieu de l'été au milieu de l'automne. Cueillez régulièrement, quand elles atteignent environ 10 cm de long. Consommez-les fraîches, congelez-les une fois blanchies ou faites des conserves au vinaigre. Les fleurs sont délicieuses en salade ou farcies et frites.

VARIÉTÉS buisson : 'Jemmer', 'Romanesco'; grimpantes : 'Black Forest', 'De Nice', 'Tromboncino'.

Les concombres

Les concombres sont faciles à cultiver et gratifiants. Avec du soleil et un support pour grimper, ils produisent une profusion de fruits et de belles fleurs. Les variétés longues à peau lisse prospèrent dans un lieu chaud et humide, et les concombres plus petits à rainures épineuses sous un climat tempéré frais. Choisissez la variété qui convient à votre environnement.

Les concombres séduisent par l'allure exotique de leurs grandes feuilles, leurs fleurs jaune d'or et leurs fruits abondants.

Pot et substrat

Cultivez un pied par pot, bac, panier ou sac de culture, de 25 cm de diamètre et 20 cm de profondeur, garni de terreau pour balcon.

Les techniques de culture

1 En milieu de printemps, semez en milieu chaud (au moins 20 °C). Posez les graines à plat et couvrez (voir p. 91). Sinon, achetez de jeunes plants en fin de printemps.
2 Cultivez dans un lieu chaud et abrité ou sous abri vitré, et paillez.
3 Maintenez le terreau humide. Arrosez autour des plantes et non du dessus (voir p. 90).
4 Guidez les variétés longues à peau lisse le long d'un tipi ou d'un treillage. Laissez les variétés plus petites ramper et déborder du pot.
5 Appliquez un engrais liquide pour tomates toutes les deux semaines dès le développement des fruits.

Conseils d'expert

- Choisissez des cultivars F1 de variétés à peau lisse car ce sont des plantes femelles. Autrement, supprimez les fleurs mâles pour éviter la pollinisation des fleurs femelles qui rend les fruits amers.
- Les racines n'aiment pas être dérangées. Semez dans le pot définitif ou dans des pots biodégradables pour leur éviter tout stress.
- Placez une collerette autour des tiges pour éviter la pourriture (voir p. 91).
- Pincez l'extrémité des tiges pour favoriser la production de fruits.

La santé des plantes

Protégez contre les limaces (voir p. 32). Contre l'oïdium, maintenez le terreau humide (voir p. 34) ; supprimez les feuilles atteintes.

Récolte et conservation

La peau des concombres durcit avec l'âge, cueillez-les donc jeunes. Vous les conserverez au réfrigérateur jusqu'à une semaine.

VARIÉTÉS d'intérieur : 'Bella', 'Ventura' ; d'extérieur : 'Crystal Lemon', 'Marketmore', 'Vert Long de Chine'.

Concombre grimpant

Un seul concombre vous nourrira de fruits croquants et juteux tout au long de l'été. Vous aurez peut-être même du mal à suivre le rythme de cette plante prolifique d'allure exotique. Des plus faciles à cultiver, elle ne demande que de la chaleur ainsi que de l'eau et des nutriments en abondance.

Choisissez une variété d'extérieur, car celles de serre souffrent en conditions fraîches si elles sont placées dehors (voir p. 89). Les concombres ne supportent pas que leurs racines soient dérangées. Si vous les semez, utilisez des pots biodégradables (en fibre de coco par exemple) et replantez sans dépoter. Endurcissez les plantes peu à peu pendant une semaine avant de les installer dans un endroit chaud, ensoleillé et abrité. Autrement, semez directement en extérieur au début de l'été et couvrez d'une cloche ou d'un gros bocal en verre, ou cultivez-les sous abri vitré.

Pincez l'extrémité de la pousse quand sept feuilles se sont développées, puis guidez les pousses latérales autour d'un obélisque et pincez les tiges non florifères après cinq feuilles. Un tel support vertical économise l'espace. Vous pouvez aussi laisser ramper les concombres au-delà du pot. Composés presque uniquement d'eau, les concombres ont besoin d'arrosages copieux. Ils sont sujets à la pourriture : arrosez autour de la plante sans mouiller les feuilles et les tiges. Appliquez un engrais liquide pour tomates toutes les deux semaines à l'apparition des fruits.

Couverte de concombres, la plante peut être très lourde. Vérifiez qu'elle est bien liée à son support et que celui-ci est bien ancré dans le contenant.

Les semis de concombre

Le matériel

■ godets biodégradables ■ terreau de rempotage universel ■ graines de concombre (voir p. 89) ■ film étirable ■ pot de 30 cm de largeur et de profondeur au moins ■ matériau de drainage (voir p. 15) ■ collerette faite d'un vieux pot en plastique ■ obélisque ■ ficelle.

1 Semez deux graines à plat dans chaque godet empli de terreau. Couvrez de film étirable et placez sur un rebord de fenêtre chaud et lumineux. Ôtez le film après la levée. Éliminez la plantule la plus faible et repiquez l'autre quand elle est assez grande.

2 Plantez le concombre, décentré, dans le pot définitif empli de terreau et de matériau de drainage. Placez le sommet de la motte de racines au niveau de la surface du terreau. Coupez le fond d'un pot en plastique usagé et faites-en une collerette.

3 Glissez la collerette autour de la tige pour la protéger de la pourriture. Arrosez bien et paillez. Plantez un obélisque au centre du pot pour soutenir la plante. Protégez les jeunes plantes des limaces et des escargots (voir p.32).

4 Aidez la plante à grimper sur le support : liez régulièrement les tiges à l'obélisque avec de la ficelle. Pincez les vrilles pour concentrer la sève sur la production de fleurs et de fruits.

5 Récoltez les concombres à la taille qui vous convient. Coupez-les avec un couteau bien aiguisé. Les fruits trop gros perdent en saveur et en croquant.

Potirons & courges

Il est difficile de se tromper avec les potirons et les courges. Ces sont des fruits très faciles à cultiver, décoratifs et qui se conservent bien. La gamme des formes, des tailles et des couleurs est incroyablement large et il existe des variétés grimpantes, rampantes ainsi que compactes et buissonnantes.

Pot et substrat

Plantez un pied par pot de 45 cm garni d'un mélange de trois parts de terreau pour balcon pour une part de fumier bien décomposé ou de compost de jardin. Comptez deux plantes dans un sac de culture.

Les techniques de culture

1 Semez en extérieur en fin de printemps ou en début d'été, deux graines par pot, à 2,5 cm de profondeur.

Conseils d'expert

- Semez les graines en les posant sur chant pour éviter le pourrissement.
- Laissez ramper les plus gros potirons. Il est difficile soutenir les fruits lourds.
- Surélevez les fruits sur de vieilles tuiles pour les isoler de l'humidité.

2 Couvrez le pot d'une cloche le plus longtemps possible après la levée. Éclaircissez et ne gardez que la plantule la plus robuste.
3 Sinon, plantez de jeunes plants quand tout risque de gel a disparu. Arrosez bien.
4 Maintenez le terreau humide, en arrosant autour de la plante sans la mouiller. Paillez.
5 Soutenez les courges rampantes par un tipi.
6 Dès que les fruits commencent à se développer, appliquez un engrais universel liquide toutes les deux semaines.

La santé des plantes

Protégez les plantes, notamment jeunes, des limaces et des escargots (voir p. 32).

Récolte et conservation

Laissez les fruits mûrir sur la plante le plus longtemps possible, puis coupez-les avec une courte tige avant les gelées. Un fruit mûr sonne creux quand vous donnez une petite tape. Il se conserve plusieurs mois au frais et au sec. Les graines de potiron et de courge sont délicieuses et nutritives.

VARIÉTÉS potiron : 'Baby Bear' ; courges : 'Butterbush', 'Cobnut', 'Early Butternut', 'Harrier', 'Uchiki Kuri'.

Guidés sur un tipi, un obélisque ou des tuteurs, les courges ou potirons en cours de maturation (ici une courge musquée) sont isolés du sol humide en automne.

Les patates douces

La patate douce, une liane sans parenté avec la pomme de terre, est une culture idéale en pot. Cette plante rampante et grimpante reste longtemps en terre, mais un pot tient peu d'espace et il est décoratif. Après la plantation, vous n'avez plus guère qu'à attendre la récolte. La patate douce est originaire des tropiques, mais il existe des cultivars rustiques adaptés aux régions tempérées fraîches.

Pour accroître le nombre et la taille des tubercules, faites grimper les plantes sur un support (tipi ou cannes de bambou).

Pot et substrat

Plantez dans un pot de 60 cm de large percé de trous de drainage et garni d'un mélange composé à parts égales de sable et de terreau de rempotage universel. Un bac en plastique noir est parfait dans les régions tempérées fraîches car il absorbe la chaleur.

Les techniques de culture

1 Démarrez avec des boutures sans racines (sauf en région tempérée fraîche) ou avec des plantules.
2 Repiquez en godets individuels. Arrosez et placez sur un rebord de fenêtre ensoleillé jusqu'à l'enracinement.
3 Endurcissez les plantules avant de les installer dans leurs pots définitifs (voir p. 95), à placer au chaud et au soleil.
4 Sous climat tempéré frais, couvrez avec des cloches (voir p. 95) ou un voile d'hivernage aussi longtemps que possible. Appliquez un engrais universel liquide toutes les deux semaines. Arrosez bien par temps sec.

Les patates douces vous offriront le spectacle de leurs fleurs superbes.

Conseils d'expert

- Guidez les plantes le long d'un tipi placé au-dessus du centre du pot et maintenez-les avec de la ficelle souple.
- Les patates douces pourrissent si elles gèlent ; déterrez-les en fin de saison.

La santé des plantes

La nuit, détruisez les limaces, friandes des feuilles.

Récolte et conservation

La maturation peut prendre jusqu'à cinq mois. Les tubercules sont prêts quand les feuilles jaunissent et commencent à se flétrir (voir p. 95). Laissez leur peau durcir quelques jours au chaud avant de les conserver au frais et dans l'obscurité. Le feuillage et les jeunes pousses se dégustent aussi.

VARIÉTÉ 'Beauregard'.

Patates douces en sacs

Ces lianes volubiles séduisantes peuvent envahir un petit jardin si elles ne sont pas contrôlées. Mieux vaut les planter dans des sacs ou des bacs profonds pour éviter qu'elles ne s'enracinent partout sur leur passage. Les tubercules délicieux exigent peu de soins et les feuilles et les jeunes pousses peuvent être consommées comme des épinards – ne soyez cependant pas trop gourmand car un feuillage raréfié réduit la récolte.

Les patates douces ne sont pas cultivées à partir de tubercules comme les pommes de terre, mais à partir de boutures ou de jeunes plants. Les boutures doivent être démarrées avant la plantation dans leurs pots définitifs. Si vous vivez en région tempérée fraîche et que vous trouvez de jeunes plants dans le commerce, préférez-les au boutures en raison de la brièveté de la saison de végétation. Offrez-leur un terreau riche : mélangez du sable et du terreau de rempotage universel (voir p. 93). Cette plante de climat chaud a besoin de chaleur : couvrez de cloches le plus longtemps possible si les températures sont fraîches.

Ces plantes rampantes prennent beaucoup moins d'espace guidées sur des supports. Cela évite aussi qu'elles ne s'enracinent à chaque nœud qui touche le sol et vous obtiendrez une récolte abondante de petits tubercules au lieu de quelques gros tubercules. Liez-les à leur support toutes les deux ou trois semaines. Arrosez régulièrement, mais sans excès : elles ne supportent pas un sol trempé. Appliquez un engrais universel liquide tous les quinze jours.

Pour prendre de l'avance l'année suivante, prélevez des boutures de tige à la fin de l'été et enracinez-les dans l'eau. Puis repiquez-les et gardez-les hors gel durant l'hiver, prêtes à être plantées tôt l'année suivante.

Les patates douces sont de belles plantes grimpantes à l'allure exotique, sans aucune ressemblance avec la pomme de terre. Leurs belles feuilles sont aussi comestibles.

La plantation de patates douces en sac

Le matériel

- boutures de patate douce ;
- grand bocal d'eau ;
- pots profonds ou godets ;
- terreau de rempotage universel ;
- sable horticole ;
- sac à pommes de terre et cloche ;
- cannes de bambou et ficelle.

1 Déballez les boutures dès leur arrivée. Elles risquent d'être flétries et fatiguées ; baignez-les dans un bocal d'eau toute la nuit pour les revigorer.

2 Le lendemain, enfoncez les boutures jusqu'à la base des feuilles dans un pot profond empli de terreau mêlé de sable (voir p. 93). Arrosez copieusement. Poursuivez la culture sous abri, jusqu'à l'établissement d'un bon système de racines.

3 Emplissez le sac de mélange de sable et de terreau de rempotage frais et espacez régulièrement les plantes le long du bord. Comptez cinq pieds pour un sac de 60 litres (ci-dessus), cinq ou six pour un pot de 50 cm de diamètre. Arrosez bien.

4 Protégez les jeunes plants par une cloche aussi longtemps que possible en région fraîche. Arrosez et fertilisez régulièrement. Après avoir retiré la cloche, posez un tipi fait d'autant de cannes que de plantes. Liez-y les plantes (voir p. 93).

5 Déterrez les tubercules avec précaution pour ne pas les meurtrir. Conservez-les dans un lieu humide et aéré pendant dix jours environ pour durcir la peau. Récoltez les tubercules avant les gelées, qui les détruiraient.

Les pommes de terre

La culture traditionnelle des pommes de terre demande beaucoup d'espace en pleine terre mais réussit remarquablement en contenant. Même si le rendement n'est pas énorme, le secret d'une bonne récolte réside dans la profondeur de plantation. Choisissez bien le contenant et concentrez-vous sur les délicieuses pommes de terre nouvelles, assez coûteuses dans le commerce. Elles ont en outre l'avantage d'être précoces et d'éviter la frustration provoquée par le mildiou.

Pot et substrat

Utilisez tout contenant de 30 cm de largeur et de profondeur au minimum, offrant un bon drainage : sacs spéciaux, seaux souples et même anciens sacs de terreau. Plantez dans du terreau de rempotage universel.

Récoltez les pommes de terre avec précaution : retournez le contenant délicatement avec une petite fourche à fleurs.

Conseils d'expert

- N'exposez pas les tubercules à la lumière : ils verdiraient et deviendraient toxiques. Si vous les voyez pointer hors de terre, recouvrez-les aussitôt de terreau.
- La suppression des fleurs est censée augmenter le rendement.

Les techniques de culture

1 Faites germer les semences : placez-les dans des boîtes à œufs alvéolées ou des terrines à semis, dans un endroit frais et lumineux, les yeux dirigés vers le haut (voir p. 98). Quand les germes mesurent 2,5 cm de long, repiquez les tubercules.
2 Selon la variété, plantez à partir du début du printemps (voir p. 98). Placez le contenant au soleil, emplissez-le de 20 cm de terreau de rempotage et vaporisez un peu d'engrais (voir p. 99). Plantez les tubercules germés (deux suffisent bien pour un pot de 30 cm) et recouvrez-les de 10 cm de terreau de rempotage. Arrosez.
3 Au fil de la croissance des plantes, couvrez les pousses et les feuilles de terreau (voir p. 99) jusqu'à ce qu'il atteigne le haut du pot.
4 Arrosez régulièrement, surtout quand les tubercules commencent à se développer.
5 Appliquez un engrais liquide régulièrement (voir p. 98).

La santé des plantes

Le mildiou, une maladie cryptogamique, peut anéantir une récolte complète (voir p.35). Il sévit par temps chaud et humide, généralement en fin d'été. La meilleure parade consiste à cultiver des variétés hâtives, qui sortent de terre avant le danger. Autrement, aux premières taches brunes, rabattez le feuillage au ras du sol pour éviter que la maladie

Les pommes de terre prégermées prospèrent en sac. Déroulez le bord du sac au fil de la croissance et ajoutez du terreau jusqu'à ce qu'il atteigne le haut du sac.

ne se propage. Laissez les pommes de terre en pot pendant deux semaines pour endurcir la peau et croisez les doigts pour récolter des tubercules sains. Moins fâcheuse, la gale commune provoque des marques sur l'épiderme qui s'éliminent à l'épluchage, toutefois ne stockez pas les pommes de terre atteintes.

Récolte et conservation

Les pommes de terre nouvelles sont à maturité quand la plante est en fleur. Elles sont meilleures récoltées juste avant d'être consommées. Déterrez les variétés de pleine saison à tout moment après la floraison. Quand le feuillage jaunit, rabattez-le et laissez les tubercules en terre pendant une semaine environ pour endurcir l'épiderme. Après la récolte, faites-les sécher quelques heures au soleil. Conservez-les dans des sacs opaques perméables à l'air (la toile de jute est idéale).

Plus les pommes de terre de pleine saison restent longtemps en terre, plus les tubercules grossissent, mais le risque de ravageur ou de maladie augmente également.

VARIÉTÉS précoce : 'Riviera' ; demi-précoces : 'Charlotte', 'Duke of York', 'Kondor', 'Pixie' ; pleine saison : 'Corne de Gatte', 'Ratte', 'Sarpo'.

Sacs à pommes de terre

Les pommes de terre poussent dans quasiment n'importe quel contenant pourvu qu'il soit assez profond, et ces sacs recyclés vifs et gais font des jardinières pratiques et charmantes. Ils sont parfaits pour les jardiniers qui manquent de place ou ne souhaitent pas voir leur espace dominé par une seule culture.

En dehors des sacs recyclés composés d'un matériau poreux, vous pouvez planter les pommes de terre germées dans des bacs ou des seaux souples que vous percerez facilement de trous de drainage. Plantez entre le début et la fin du printemps pour une récolte estivale, ou en fin d'été pour une récolte d'hiver jusqu'à Noël.

En cas d'espace restreint, optez pour les variétés de pommes de terre nouvelles, les plus savoureuses (voir p. 97). Recherchez les variétés résistantes au mildiou si cette maladie risque de poser problème.

Placez les contenants au soleil et appliquez un engrais pour pommes de terre ou un engrais liquide universel toutes les deux semaines.

Pour récolter les hâtives, fouillez délicatement dans le sac au préalable pour évaluer la taille des tubercules ; s'ils sont trop petits, accordez-leur une semaine de plus.

Ci-contre : veillez à ce que les pommes de terre soient sèches et propres avant de les stocker, sinon elles pourriront. Laissez les tubercules sur le sol pendant deux ou trois heures, jusqu'à ce que la terre qui les couvre soit sèche.

La plantation de pommes de terre en sac

Le matériel

- 4 pommes de terre prégermées par sac ;
- une boîte à œufs ou une terrine à semis ;
- un bac à pommes de terre, un sac recyclé ou un seau souple ;
- terreau de rempotage universel ;
- engrais pour pommes de terre.

1 Faites germer vos semences dans des boîtes à œufs alvéolées ou des terrines à semis, dans un endroit frais et lumineux. La majorité des germes se forment sur une des extrémités du tubercule : le talon.

2 En fin de printemps ou en début d'été, repiquez quand les germes atteignent 1 à 2,5 cm de long. Mettez 20 cm de terreau de rempotage dans le fond du sac et mélangez avec une mesure d'engrais pour pommes de terre.

3 Placez les pommes de terre germées, le talon vers le haut, dans le terreau. Couvrez-les de 10 à 20 cm de terreau supplémentaire. Arrosez copieusement. Appliquez de l'engrais toutes les deux semaines.

4 Au fil de la croissance des plantes, ajoutez du terreau à intervalles réguliers et recouvrez les pousses et les feuilles. Continuez à butter ainsi jusqu'à ce que le terreau arrive à 5 cm du haut du sac.

5 Arrosez copieusement les sacs par temps sec, notamment pendant la floraison. Les pommes de terre hâtives sont prêtes à récolter quand elles sont en fleur, celles de pleine saison quand le feuillage commence à faner (voir p. 97).

Les betteraves

Délicieuse jeune et tendre, la betterave est un légume sain dont les feuilles, qui rappellent l'épinard, sont aussi comestibles. Elle se porte bien en contenant, à partir de semis drus qui donnent de petites racines sucrées. C'est aussi une bonne culture dérobée, semée et récoltée en attendant que d'autres cultures se développent (voir p. 102). Semez peu et souvent pour des récoltes régulières.

Pot et substrat

Plantez dans un contenant de 30 à 40 cm de diamètre empli de terreau de rempotage universel ou pour balcon. Un grand contenant conserve mieux l'humidité indispensable à la betterave.

Les techniques de culture

1 Semez régulièrement du milieu du printemps au milieu de l'été, toutes les deux semaines.
2 Éclaircissez les plantules.
3 Arrosez régulièrement, notamment quand les racines commencent à se renfler, et fertilisez.

Conseils d'expert

- Attendez le milieu du printemps pour semer, sinon la germination peut être irrégulière.
- Pour cueillir les feuilles, tordez-les plutôt que de les couper pour éviter un écoulement de sève (voir p. 102).

La santé des plantes

Pour éviter la montée en graines, choisissez des variétés résistantes en cas de semis précoces, ou maintenez le terreau humide. Couvrez les plantes d'un filet si les oiseaux sont gourmands.

Récolte et conservation

Déterrez les racines de la taille d'une balle de golf et consommez-les fraîchement récoltées, râpées crues, cuites ou confites au vinaigre. Consommez les feuilles à la manière des feuilles de bette (voir p. 113).

VARIÉTÉS 'Boltardy', 'Burpee's Golden', 'Cylindra', 'Moneta', 'Pablo', 'Red Ace'.

Plus l'éclaircissement donne d'espace aux plantules, plus les racines deviennent grosses.

La betterave est l'une des rares cultures qui fournisse une double récolte : feuilles et racines sont délicieuses.

Les carottes

Les carottes du jardin sont délicieuses, réussissent merveilleusement en pot et vous évitent tous les problèmes dont elles pâtiraient dans un sol lourd ou rocailleux en pleine terre. Vous perturberez la mouche de la carotte en plantant au-dessus de la hauteur à laquelle elle vole. Enfin, les nombreuses variétés à racine courte permettent la culture parmi d'autres légumes ou des semis intercalaires.

À moins de déterrer toutes les carottes en une fois, évitez de récolter en journée quand les mouches de la carotte rôdent. Attendez le soir, les risques d'attaque sont moindres.

Pot et substrat

Plantez dans tout contenant de 20 cm de profondeur ou plus, garni de terreau pour balcon sur une couche de gravier.

Les techniques de culture

1 Semez les variétés de pleine saison du milieu du printemps au milieu de l'été (voir p. 105).
2 Semez clair pour limiter l'éclaircissage ultérieur. Mélanger les petites graines avec du sable vous y aidera et améliorera le drainage. Semez toutes les deux ou trois semaines pour des récoltes régulières.
3 Arrosez régulièrement pour éviter une lignification des racines. Fertilisez régulièrement.

La santé des plantes

La mouche de la carotte est attirée par l'odeur des feuilles froissées : touchez les plantes le moins possible, de préférence en soirée quand ce ravageur est moins actif.

Conseils d'expert

- Plantez dans des pots de 60 cm de haut ou plus pour éviter la mouche de la carotte, qui vole bas. Sinon, dressez des barrières jusqu'à cette hauteur ou surélevez les pots.
- Pour conserver les carottes, préférez les variétés de pleine saison.

Récolte et conservation

Déterrez les variétés précoces douze semaines après les semis, celles de pleine saison au bout de seize semaines. Dégustez-les fraîches. Certaines se conservent dans des sacs en papier ou des caisses emplies de sable humide. Les carottes peuvent aussi être congelées après avoir été blanchies.

VARIÉTÉS 'Amsterdam Forcing', 'Little Finger', 'Maestro', 'Mignon', 'Parmex', 'Resistafly', 'Valor'.

Betteraves à profusion

Les betteraves sont simples à cultiver. Leurs feuilles vert tendre veinées de rouge et leurs tiges rubis composent de superbes potées. En semis dru, elles donnent de jeunes racines délicieuses et débordent quasiment du pot, ne demandant qu'à être récoltées.

Outre les racines rondes couleur rubis auxquelles nous sommes habitués, il existe des betteraves blanches, rayées, jaune d'or ou encore longues et cylindriques. Toutes se cultivent de la même façon, mais les variétés rondes sont mieux adaptées à la culture en pot. Semez du milieu du printemps au milieu de l'été ; semer plus tôt complique la germination. Si vous ne pouvez attendre, semez en intérieur en caissettes alvéolées ou sous cloche.

Semez toutes les deux ou trois semaines pour des récoltes successives et placez les pots au soleil, voire à mi-ombre.

La plupart des graines de betterave sont en fait des amas de deux ou trois graines. Elles doivent donc être éclaircies dès la levée pour donner de l'espace aux plantules. Coupez les plantules superflues aux ciseaux afin de ne pas perturber les restantes. Quand elles atteignent 2 cm de haut, éclaircissez-les à nouveau à leur espacement définitif tous les 5 à 10 cm. Plus elles sont rapprochées, plus les racines récoltées seront petites.

Pour récolter, tirez chaque plante par les feuilles et tordez le feuillage plutôt que de le couper avec un couteau : la torsion réduit l'écoulement du jus rouge. Vous pouvez utiliser les racines de diverses façons (voir p. 100). Les jeunes feuilles sont délicieuses en salade et les feuilles plus âgées peuvent être cuites à la vapeur comme des épinards.

La betterave prospère en pot tant qu'elle est bien arrosée. Arrosez très abondamment par temps chaud et sec et quand les racines commencent à se renfler.

Les semis de betterave

Le matériel

- pot en terre cuite de 20 cm de diamètre et de 20 cm de profondeur au moins ;
- terreau de rempotage universel ou pour balcon ;
- matériau de drainage (morceaux de polystyrène, gravier ou tessons de terre cuite, voir p. 15) ;
- graines de betterave : 'Moneta' ou 'Barbabietola di Chioggia' (voir p. 100) ;
- engrais universel liquide.

1 Tapissez le fond du pot de matériau de drainage. Emplissez-le de terreau de rempotage. Laissez un espace de 5 cm entre le terreau et le haut du pot.

2 Arrosez le terreau avant de semer afin que les graines ne soient pas lessivées plus tard. Semez clair à la surface du terreau. Couvrez de 2 cm de terreau. Puis arrosez avec une pomme pour ne pas trop déranger les graines.

3 Maintenez le terreau humide. Les plantules lèvent en deux ou trois semaines. Éclaircissez régulièrement jusqu'à un espacement de 5 cm ou plus quand les plantules atteignent 2 cm de haut. Arrosez et fertilisez régulièrement.

4 Récoltez les petites racines tendres quand elles ont la taille d'une balle de golf. Tirez-les brusquement par les feuilles en veillant à ne pas déranger les plantes restantes dont les racines jouiront ainsi de plus d'espace.

Carottes et ciboulette

Les carottes, sucrées et croquantes, sont l'une des cultures les plus faciles en pot car il suffit de leur fournir un terreau léger et drainant et de surélever le pot sur une table pour les mettre à l'abri de la mouche de la carotte. En pleine terre, les conditions sont plus astreignantes et des barrières sont indispensables contre ce ravageur. Les oignons (*Allium*) sont souvent utilisés pour masquer l'odeur des feuilles de carotte, qui attire la mouche. Plantez un rang de ciboulette (*A. schoenoprasum*) autour du pot par précaution.

Mieux vaut semer directement les carottes dans leur pot définitif car, à l'instar de tous les légumes-racines, elles ne supportent pas d'être dérangées et la transplantation les abîme. Attendez que les températures commencent à se réchauffer au printemps, car les graines ne germent pas en dessous de 5 °C et plus la température est fraîche, plus les racines de carotte sont petites et pâles. Placez le pot dans un endroit chaud et abrité et arrosez régulièrement pour une germination optimale. Semez un pot toutes les trois semaines pour étaler la récolte tout au long de l'été plutôt que d'être confronté à une surabondance ponctuelle.

Dans le combat permanent contre les ravageurs, l'association de plantes est toujours préférable à la monoculture. Ainsi la forte odeur des *Allium* comme l'oignon, l'ail et la ciboulette plantés près des carottes masque le parfum de leurs feuilles et détourne l'attention de la mouche de la carotte. La ciboulette apporte en outre une discrète saveur d'oignon aux salades ou aux pommes de terre nouvelles. Les fleurs comestibles de la ciboulette font aussi le bonheur des abeilles (voir p. 140) et contribuent à attirer ces pollinisateurs utiles dans votre jardin (voir p. 24).

Les carottes et la ciboulette sont une association idéale. La ciboulette est vivace et peut rester dans le pot. Il suffit de ressemer des carottes en cours de saison.

La plantation de carottes et de ciboulette

Le matériel

- plant de ciboulette ;
- pot en terre vernissée de 20 cm de diamètre ou plus ;
- gravier pour le drainage ;
- terreau de rempotage universel ;
- graines de carotte ;
- sable.

1 Arrosez la ciboulette dans son pot. Puis retirez-la du pot et divisez-la en petites touffes afin de planter sur tout le pourtour du nouveau pot. Séparez délicatement la plante avec les doigts, d'abord en deux, puis à nouveau en deux ou en trois.

2 Tapissez le fond du pot d'une bonne couche de gravier. Emplissez de terreau aux deux tiers. Espacez les touffes de ciboulette autour du bord du pot et ajoutez du terreau autour d'elles. Finissez d'emplir de terreau jusqu'à 5 cm environ du haut du pot.

3 Arrosez le terreau. Mélangez les graines de carotte avec du sable et semez clair sur la surface libre du terreau. Couvrez d'une très fine couche de terreau. Maintenez le terreau humide. Les carottes supportent assez bien la sécheresse, mais soyez vigilant si le temps est très sec.

4 Récoltez quelques carottes jeunes (voir p. 101) pour donner de l'espace aux autres. Elles sont délicieuses entières en salade. Cueillez de la ciboulette selon vos besoins et récoltez les carottes restantes quand elles ont grossi.

Les panais

Le panais demande un peu de patience. La germination est parfois délicate et la croissance lente, mais une fois les plantes établies, la culture est facile. Consacrez-lui un pot ou semez des légumes plus rapides, radis ou laitues, entre ses rangs, en culture intercalaire. Le panais peut rester en terre jusqu'à sa consommation (le gel transforme son amidon en sucre), mais pas trop longtemps car il se lignifiera et perdra en saveur.

Pot et substrat

Plantez dans de grands pots ou bacs d'au moins 40 cm de profondeur pour permettre une bonne croissance du feuillage. Mélangez une part de sable et trois parts de terreau pour balcon ou universel.

Les techniques de culture

1 Semez trois graines ensemble tous les 25 cm, mais pas trop tôt : les semis de fin d'hiver risquent plus d'échouer que ceux de printemps.
2 Quand les plantules atteignent 2 cm de haut, éclaircissez à une plantule tous les 15 cm.
3 Maintenez le terreau humide pour éviter la fente des racines. Fertilisez régulièrement.

La santé des plantes

Grâce aux cultivars résistants au chancre, les panais ne devraient pas connaître de problèmes.

Récolte et conservation

Les panais sont prêts quand les feuilles commencent à se flétrir, même si on les récolte traditionnellement après la première gelée, puis tout au long de l'hiver selon les besoins. Faites cuire les panais frais, sinon congelez-les après les avoir épluchés, coupés et blanchis.

VARIÉTÉS 'Albion', 'Dagger', 'Gladiator', 'Lancer', 'Tender and True'.

Le panais est prêt à être déterré à partir du milieu de l'été ou peut rester en terre selon vos besoins. Mais plus il reste en terre, plus il risque une attaque de mouche de la carotte.

Conseils d'expert

- Les graines perdent vite leur pouvoir de germination. Semez-en des fraîches tous les ans.
- Pour semer en hiver, réchauffez d'abord le terreau avec des cloches, à laisser jusqu'à l'établissement des plantules.

Les radis

Il n'y a rien de plus rapide et facile à cultiver que les radis : c'est le secret de leur popularité ! Les variétés d'été, douces et croquantes, arrivent à maturité en moins d'un mois, et l'on sème les variétés d'hiver, plus grosses et plus rustiques, vers la fin de l'automne. Semez les premières successivement, soit seules dans un pot, soit parmi d'autres légumes comme les panais.

Conseils d'expert

- Pour une récolte précoce, réchauffez le terreau sous des cloches avant de semer en fin d'hiver.
- Semer clair les variétés d'été (tous les 2,5 cm) évite un éclaircissage ultérieur.

Pot et substrat

Plantez les variétés d'été dans des pots de 10 cm de profondeur, emplis de terreau pour balcon ou universel.

Les techniques de culture

1 Semez du début du printemps à la fin de l'été, en plein air et en plein soleil. Les variétés d'été supportent un peu d'ombre.
2 Semez clair les variétés d'été. Espacez les variétés d'hiver de 20 cm.
3 Maintenez le terreau humide et fertilisez.

Éclaircissez les plantules pour leur donner de l'espace, ou faites-le plus tard en récoltant les petites racines très jeunes.

La santé des plantes

Posez un filet contre les altises, qui perforent les feuilles des jeunes plantules (voir p. 35). Les limaces et les escargots peuvent ravager les jeunes cultures (voir p. 32). Garder le terreau humide évite la montée en graines et la fente des racines.

Récolte et conservation

Récoltez les variétés d'été jeunes et consommez-les aussitôt. Déterrez les variétés d'hiver au fur et à mesure de vos besoins ou récoltez-les avant les gelées et conservez-les. Laissez quelques plantes fleurir et cueillez les gousses comestibles vertes et croquantes.

VARIÉTÉS 'Blanc de Munich', 'Cherry Belle', 'French Breakfast', 'Pink Beauty', 'Sparkler', 'Zlata'.

Les radis ont une saveur poivrée. Croquez-les fraîchement cueillis ou ajoutez-les en lamelles à une salade.

Les poireaux

Grands classiques des légumes d'hiver, les poireaux sont faciles à cultiver. Il existe des variétés spéciales pour pot, à récolter quand les poireaux sont encore petits ou à laisser se développer jusqu'à une taille normale.

Pot et substrat

Mêlez une part de matière organique et trois de terreau de rempotage dans un pot de 20 cm de profondeur (un peu moins pour les variétés miniatures). Un sac de culture n'est pas assez profond.

En massif surélevé ou en grand pot, les poireaux vous fourniront une récolte appréciable, disponible selon vos besoins.

Les techniques de culture

1 Au printemps, semez les poireaux dans leur pot définitif, espacés de 10 à 15 cm. Vous n'aurez pas à les repiquer comme ce serait le cas en pleine terre. Semez un rang de mini-poireaux toutes les deux ou trois semaines pendant la saison de végétation, tous les 3 cm.
2 Laissez de l'espace en haut du pot et remplissez-le progressivement de terre pour blanchir les tiges des poireaux.
3 Arrosez par temps très sec.
4 Appliquez un engrais riche en azote, du milieu à la fin de l'été.

La santé des plantes

Les poireaux souffrent de la rouille mais le problème n'est qu'esthétique. Cette maladie est due à l'humidité liée à une mauvaise circulation d'air : évitez donc une plantation trop dense.

Récolte et conservation

Récoltez les mini-poireaux quand ils ont l'épaisseur d'un crayon, selon vos besoins. Déterrez les poireaux de pleine saison à partir de l'automne et consommez-les frais. Inutile de les stocker : ils peuvent rester en terre jusqu'aux printemps.

VARIÉTÉS 'Apollo', 'Atal', 'Kajak', 'King Richard', 'Musselburgh', 'Oarsman', 'Zermatt'.

Conseils d'expert

- Quand vous buttez pour blanchir les tiges, veillez à ne pas faire tomber de terreau entre les feuilles.
- Couvrez les jeunes plantes d'un voile si la teigne du poireau sévit dans votre région.

Oignons & échalotes

Les oignons sont bon marché dans le commerce et lents à pousser. Consacrez-vous donc plutôt aux oignons doux rouges, aux échalotes et aux petits oignons nouveaux (voir p. 110), moins communs. Plantez un ou deux rangs courts dans un grand bac ou parmi d'autres plantations en culture dérobée. Les échalotes fourniront une récolte abondante de petits bulbes, et les oignons nouveaux plus encore.

Pot et substrat

Utilisez un pot de 20 cm de profondeur ou plus. Apportez un engrais spécial oignons dans un mélange de terreau pour balcon et de sable horticole (voir p. 111).

Les techniques de culture

1 Il est plus facile et plus rapide de partir de bulbilles (bulbes immatures) que de graines, sauf pour les oignons nouveaux. Plantez-les du début au milieu du printemps, tous les 10 cm, ou en début d'automne pour hiverner. Placez l'extrémité pointue vers le haut, juste visible, puis arrosez. Semez les oignons nouveaux par intervalles à partir du début du printemps pour les déguster tout l'été.

2 Paillez et ne laissez pas le terreau se dessécher afin d'éviter la montée en graine. Fertilisez régulièrement.

Une simple caissette d'oignons nouveaux vous permettra de relever la saveur de toutes sortes de plats.

Laissez les oignons au soleil pendant deux jours pour bien faire sécher la peau avant de les entreposer.

La santé des plantes

Humidité et densité de la culture sont facteurs de rouille et de mildiou de l'oignon, mais ces maladies ne sont pas dévastatrices. Évitez d'arroser le feuillage, et assurez de la luminosité ainsi qu'une bonne circulation d'air entre les plantes.

Récolte et conservation

Les oignons nouveaux sont à maturité huit à dix semaines après les semis. Quand le feuillage des oignons et des échalotes jaunit et retombe, comptez deux ou trois semaines puis déterrez-les délicatement avec une fourche à fleurs. Faites-les sécher au soleil avant de les entreposer dans des sacs ou des plateaux dans un endroit frais et sec ; ils se conserveront plusieurs mois. Consommez tout de suite les oignons plantés en automne.

VARIÉTÉS oignons : 'Red Baron', 'Setton' ; échalotes : 'Delvad', 'Griselle', 'Longor', 'Matador', 'Pikant' ; oignons nouveaux : 'Lilia', 'White Lisbon'.

Conseil d'expert

- Avant de planter, retirez la peau lâche des bulbilles, qui attire les oiseaux.

Oignons à domicile

Les oignons comptent parmi les légumes les plus utilisés en cuisine. Vous trouverez facilement un emploi à un oignon, une échalote ou un oignon nouveau tous les jours de l'année. La production en pot n'y suffira certainement pas, mais ils sont faciles et amusants à cultiver. Leurs feuilles effilées bleu-vert dressées font des potées originales et, ici, ressortent particulièrement sur le noir mat d'un panier en pneu recyclé.

Dans un espace restreint, optez pour quelques oignons rouges, échalotes et oignons nouveaux, semés successivement pour donner tout au long de l'été. Un semis estival tardif d'oignons nouveaux sera prêt au printemps suivant. Ajoutez de l'ail chinois pour un peu de piquant, que vous pourrez couper jusqu'à l'automne. Les bulbilles d'oignons et d'échalotes se plantent en automne ou du début au milieu du printemps, selon la variété. Plantez dans du terreau drainant, au soleil et à l'abri. Tous pâtissent d'un environnement humide : ajoutez du gros sable dans le contenant. Cessez d'arroser quand les bulbes sont renflés. Ils sont prêts à être déterrés quand les feuilles commencent à jaunir, comme les échalotes. Laissez-les sécher deux jours au soleil avant de les consommer ou de les stocker (voir p. 109). Les oignons nouveaux se récoltent huit semaines après les semis.

Ci-dessus : tirez délicatement les oignons nouveaux par la tige quand ils ont à peu près l'épaisseur d'un crayon. Consommez-les frais. Ils relèvent délicieusement une salade.

Ci-contre : évitez de planter trop densément, car les oignons sont sujets à des maladies cryptogamiques en cas de mauvaise circulation d'air entre les plantes.

La plantation d'un panier mélangé

Le matériel

- panier de jardinage en pneu recyclé ;
- perceuse ;
- gravier ;
- terreau pour balcon ;
- engrais spécial pour oignons ;
- sable ;
- bulbilles d'oignons et d'échalotes, plant d'ail chinois, graines d'oignons nouveaux.

1 Percez des trous de drainage dans le fond du panier à l'aide d'une perceuse, puis étalez une couche généreuse de gravier. Emplissez le panier aux deux tiers de terreau de rempotage et d'engrais. Ajoutez du sable presque jusqu'en haut du panier, en laissant un espace de 5 à 10 cm pour l'arrosage.

2 Mélangez le sable de façon homogène avec le terreau et tassez bien à la main. Puis tracez quatre « carrés » avec du sable. Enfoncez les bulbilles d'oignons et d'échalotes dans le terreau, dans des carrés différents. Vérifiez que la pointe dépasse juste du terreau et arrosez.

3 Plantez l'ail chinois au printemps et semez clair les oignons nouveaux, chacun dans un carré. Arrosez.

4 Étiquetez les espèces pour les identifier car elles se ressemblent. Quand les plantes sont établies, surfacez tous les dix à quinze jours avec de l'engrais pour oignons et arrosez. Arrosez régulièrement pendant la croissance.

5 Entre le milieu et la fin de l'été, les feuilles des échalotes commencent à jaunir et à retomber. Attendez deux ou trois semaines pour les déterrer. Faites-les sécher deux jours au soleil, puis consommez-les tout de suite ou conservez-les.

L'ail

Cultiver de l'ail permet de découvrir d'innombrables variétés fabuleuses. Elles sont de deux types : l'ail à collet mou, à tiges flexibles faciles à tresser, produit de nombreuses petites gousses et se conserve bien ; l'ail à collet dur, dont les hampes partent du milieu, porte des gousses beaucoup plus grosses. Les deux types poussent sans soins particuliers, dans des pots individuels ou parmi d'autres légumes.

Pot et substrat

Garnissez de grands pots de 40 cm de large de terreau pour balcon et de compost de jardin à parts égales.

La meilleure période de plantation de l'ail est la fin d'automne ou le début d'hiver. Autrefois, on plantait les bulbilles en décembre, le jour le plus court de l'année.

Une fois l'ail déterré, faites-le sécher au soleil pendant deux jours avant de le conserver dans un endroit frais.

Conseils d'expert

- Si une plante commence à fleurir, coupez la tête pour concentrer la sève sur le développement du bulbe.
- Si vous tardez à les récolter, les bulbes risquent de commencer à germer et de pourrir lors du stockage.
- N'essayez pas de planter des gousses de supermarché, vous seriez déçu. Elles sont sujettes à des virus et proviennent de variétés plus gélives.

Les techniques de culture

1 Divisez les bulbes et plantez chaque gousse juste sous la surface du terreau. Arrosez bien. Un épisode froid aide les bulbes à se développer.
2 Arrosez par temps très sec, mais n'abusez pas. Cessez les apports d'eau quand le feuillage commence à jaunir.

La santé des plantes

Posez un filet contre les oiseaux. Sachez que les longues périodes d'humidité peuvent provoquer la rouille ou la pourriture de l'oignon. Ne tassez pas trop les plantes pour que l'air circule librement.

Récolte et conservation

Déterrez les bulbes en début d'été pour de l'ail vert ou quand les feuilles jaunissent pour des bulbes plus matures. Vous pouvez aussi cueillir les jeunes feuilles vertes plus tôt pour les salades, et consommer les tiges florales bouclées de l'ail à collet dur. Déterrez les bulbes à la fourche à main ; conservez-les dans des cagettes à légumes ou tressez les tiges de l'ail à collet mou et suspendez ensuite les tresses dans un endroit frais pour le séchage.

VARIÉTÉS collet mou : 'Arno', 'Cristo', 'Early Purple Wight', 'Solent Wight', 'Spring Wight' ; collet dur : 'Early Wight', 'Lautrec'.

La bette à cardes

La bette à cardes est une culture des plus ornementales. Elle est superbe en pot, notamment les variétés à tiges colorées comme 'Bright Lights' ou d'un rose éclatant comme 'Rhubarb Chard'. Il est difficile de rater cette culture. Elle est merveilleusement rustique et dure souvent tout l'hiver jusqu'aux nouveaux semis printaniers.

Pot et substrat

Plantez dans un contenant de 20 cm de profondeur ou plus car les racines pivotantes sont longues. Choisissez un grand pot ou un panier plutôt qu'un sac de culture. Emplissez-le de terreau pour balcon ou universel, mais ajoutez la valeur de deux transplantoirs de compost ou de fumier dans le fond du pot pour nourrir les racines.

Les techniques de culture

1 En milieu de printemps, semez clair à 2,5 cm de profondeur. Placez le pot en situation dégagée, de préférence ensoleillée. Si vous avez de l'espace, semez à nouveau en milieu d'été pour une récolte au printemps suivant.
2 Paillez pour conserver l'eau et ne laissez pas le terreau se dessécher. Fertilisez régulièrement.
3 Les plantes demandent une protection faite de paille et d'un voile d'hivernage en hiver en région tempérée fraîche.

La santé des plantes

La bette à cardes est résistante et généralement sans problème.

Récolte et conservation

Commencez à récolter les feuilles et les tiges dix semaines après les semis. Cueillez souvent pour encourager la production de nouvelles feuilles. Coupez d'abord les feuilles extérieures, quand elles sont jeunes et tendres. La bette à cardes se conserve pendant quelques jours au réfrigérateur, mais se congèle mal.

La bette à cardes est une plante ornementale originale qui produit en permanence des feuilles et des tiges comestibles à récolter à votre convenance.

Conseils d'expert

- Si vous laissez les plantes fleurir, vous pouvez cuire et consommer les tiges florales comme celles du brocoli à jets.
- La bette supporte un peu d'ombre, mais la récolte est meilleure en plein soleil.

VARIÉTÉS 'Bright Lights', 'Bright Yellow', 'Charlotte', 'Fordhook Giant', 'Lucullus', 'Rhubarb Chard'.

Les épinards

L'épinard se cueille en petites feuilles tendres pour les salades ou en feuilles plus grandes à cuire. Il pousse toute l'année et, en pot, vous l'aurez à portée de main. La tétragone cornue, dite épinard de Nouvelle-Zélande, n'est pas un véritable épinard mais le goût est presque identique et elle résiste bien aux étés très chauds lorsque l'épinard monte en graines.

Pot et substrat

Garnissez un pot de 20 cm de profondeur de terreau pour balcon mélangé avec de l'engrais à libération lente et du sable horticole.

Les techniques de culture

1 Semez clair toutes les deux semaines du début du printemps au début de l'automne, selon les variétés.
2 Placez le pot au frais, un peu à l'ombre ou parmi des cultures plus hautes afin que le terreau ne se dessèche pas trop vite.
3 Éclaircissez les plantules et ne gardez que les plantes à belles feuilles.
4 Arrosez et fertilisez régulièrement.
5 Si besoin, posez un voile durant l'hiver.

La santé des plantes

L'épinard a peu de problèmes, hormis les attaques de limaces et d'escargots sur les plantules (voir p. 32). Un terreau sec favorise la montée en graines.

Conseils d'expert

- L'épinard monte volontiers en graines. Cessez de semer au début de l'été quand le temps devient sec. Semez les variétés d'hiver à la fin de l'été.
- Pour éviter que les feuilles ne prennent un goût amer, ajoutez une bonne dose d'engrais ou de compost de jardin lors de la plantation.

Récolte et conservation

Coupez les feuilles dès qu'elles sont de taille à être consommées, pour encourager leur renouvellement. Dégustez-les fraîches ; ne prenez pas la peine de les congeler.

VARIÉTÉS 'Bordeaux', 'Emilia', 'Lazio', 'Matador', 'Scenic', tétragone cornue.

Semez plutôt en début qu'en fin de saison pour éviter la montée en graines provoquée par un temps chaud et sec.

Récoltez les feuilles jeunes et fraîches qui agrémenteront les mesclums, ou faites-les cuire légèrement à la vapeur.

La rhubarbe

La rhubarbe est une plante impressionnante. Même s'il lui faut un grand contenant, elle prospère dans un espace aussi restreint. Elle est facile à cultiver, peu exigeante et pardonne la négligence. Très rustique et vivace, elle a une grande longévité. Elle est productive sur une longue période, surtout avec un peu d'assistance.

Pot et substrat

Plantez un pied par pot de 60 cm de largeur et de profondeur doté de nombreux trous de drainage.

Les techniques de culture

1 Les plus belles plantes sont issues de jeunes pieds ou de divisions de plantes plus âgées.
2 Plantez du milieu de l'automne à la fin de l'hiver, le bourgeon végétatif au ras de la surface du terreau ou juste en dessous (voir p. 117). Arrosez bien.
3 Placez au soleil et à l'abri du gel.
4 Paillez au printemps avec de la matière organique bien décomposée, sans enterrer la couronne. Arrosez et fertilisez régulièrement.
5 Laissez le feuillage se flétrir en automne. Puis rabattez-le pour exposer le bourgeon végétatif au froid hivernal.

La santé des plantes

Des feuilles défraîchies et des pousses faibles sont le signe de la pourriture du collet, une maladie cryptogamique. Arrachez et jetez les plantes atteintes.

Récolte et conservation

Cassez les tiges par torsion (voir p. 116) car couper laisse un moignon qui pourrira. Ne récoltez pas plus de la moitié des tiges en une fois, du printemps au milieu de l'été. Pour une récolte précoce, forcez les plantes en milieu ou en fin d'hiver : couvrez-les de paille et d'un seau ou d'un couvercle de poubelle retournés.

La rhubarbe se déguste crue, cuite ou congelée après cuisson.

VARIÉTÉS 'Framboozen Red', 'Raspberry Rot', 'Red Champagne', 'Timperley Early', 'Victoria'.

Conseils d'expert

- Supprimez les fleurs dès leur apparition.
- Ne récoltez pas la rhubarbe la première année ; attendez la deuxième année après la plantation pour ne pas affaiblir le collet.
- Si vous forcez la rhubarbe au printemps, laissez-la se remettre pendant le reste de la saison. Récoltez l'année suivante.
- Divisez les plantes au bout de cinq ans : fendez la couronne en éclats, à la bêche.

Supprimez les feuilles flétries de la rhubarbe pour lui conserver sa belle allure exotique.

Rhubarbe à cueillir

Cette belle plante est magnifique en pot et introduit une touche luxuriante dans un recoin ombragé. La rhubarbe exige toutefois un grand contenant et les anciennes poubelles sont particulièrement adaptées, surtout joliment peintes comme ci-dessous.

L'idéal est de planter de jeunes pieds entre le milieu de l'automne et la fin de l'hiver. Vous devrez faire preuve d'un peu de patience car vous ne récolterez rien la première année, mais par ailleurs la rhubarbe est peu exigeante. Fournissez-lui des nutriments et de l'eau, et les récoltes compenseront bien l'attente. Elle s'enracine en profondeur, c'est pourquoi les poubelles sont parfaites, mais elle prospérera dans un grand pot de 60 cm de largeur et de profondeur.

La rhubarbe est une plante gourmande : soyez généreux en matière organique dans le terreau et arrosez bien en été. Paillez au printemps pour retenir l'eau (voir p. 115). La rhubarbe ne supporte pas un sol froid et humide, aussi évitez d'arroser en hiver. Cette plante feuillue demande un engrais azoté plutôt qu'un engrais pour tomates qui encourage la fructification. Donnez-lui un coup de fouet au printemps avec un engrais à libération lente. Pour produire de beaux pétioles, elle demande un hiver froid : supprimez le feuillage mort pour exposer la couronne au gel.

Ci-dessus : tordez les tiges pour les récolter, entre la fin du printemps et la fin de l'été. N'en prélevez que quelques-unes à la fois pour ne pas affaiblir la plante.

Ci-contre : la rhubarbe prospère dans tout grand contenant, profond et bien drainé, comme une poubelle. Pensez à bien l'arroser en cas de sécheresse estivale prolongée.

La plantation de la rhubarbe

Le matériel

- ruban adhésif et perceuse ;
- poubelle ;
- matériau de drainage (voir p. 15) ;
- terreau pour balcon ;
- fumier bien décomposé ou compost de jardin ;
- pied de rhubarbe.

1 Collez des bandes de ruban adhésif à intervalles réguliers sur le fond de la poubelle pour percer des trous sans que la perceuse ne dérape. Puis tapissez le fond de la poubelle de matériau de drainage.

2 Mélangez intimement deux parts de terreau de rempotage pour une part de fumier ou de compost de jardin. Emplissez la poubelle aux trois quarts.

3 Plantez le pied de rhubarbe, pas trop profondément. Le bourgeon végétatif doit se trouver à la surface du terreau ou juste en dessous.

4 Arrosez copieusement et paillez, sans enterrer la couronne. Fertilisez et arrosez régulièrement pendant la saison de végétation. Gardez le terreau sec en hiver. Renouvelez le paillis à chaque printemps, après avoir arrosé pour conserver l'humidité.

5 Laissez la rhubarbe s'établir pendant sa première saison de végétation et ne prélevez que quelques tiges la deuxième année (voir p. 115).

Haricots verts grimpants

Les haricots sont l'une des cultures les plus jolies, les plus faciles et les plus prolifiques. Ils sont quasiment autosuffisants et si productifs qu'il est presque épuisant de suivre leur rythme ! Ils sont non seulement un cadeau pour le jardinier débutant, mais sont aussi magnifiques guidés le long d'un tipi.

Pot et substrat

Mêlez du fumier et du terreau pour balcon, à parts égales. Utilisez les plus grands pots : au moins 20 cm de profondeur et 60 cm de largeur pour les grimpants, 15 cm de profondeur et 30 cm de largeur pour les haricots verts.

Les techniques de culture

1 Attendez la fin du printemps ou le début de l'été pour semer en extérieur. Choisissez un lieu chaud, ensoleillé et abrité.

2 Soutenez tous les haricots, hormis les variétés naines, par un tipi, des tuteurs ou un treillage. Liez-y les jeunes plantes, sans serrer, en attendant qu'elles grimpent par elles-mêmes (voir p. 121).

3 Maintenez le terreau humide et paillez en début d'été.

4 Appliquez un engrais liquide pour tomates toutes les semaines en été (voir p. 125).

'Hestia' est une variété naine buissonnante sélectionnée pour la culture en pots et contenants.

La santé des plantes

Éloignez les limaces et les escargots (voir p. 32). Éliminez les colonies de pucerons (voir p. 34) à la main en début d'été et plantez des œillets d'Inde pour les écarter des haricots. Renouvelez le terreau tous les ans pour éviter une pourriture du collet et des racines.

Les oiseaux picorent les fleurs de haricots grimpants, mais les fleurs blanches les séduisent moins que les rouges.

Récolte et conservation

Cueillez les haricots grimpants quand ils atteignent 15 à 20 cm de long, avant que les graines n'enflent. Récoltez les haricots verts lorsqu'ils mesurent 10 cm. Les deux peuvent être blanchis et congelés ou confits au vinaigre. Les haricots verts deviennent des haricots à écosser après maturation, à faire sécher et à conserver. Les haricots demi-secs, ou flageolets, se dégustent frais ou séchés.

VARIÉTÉS borlotti : 'Borlotto Lingua di Fuoco' ; verts nains : 'Delinel', 'Purple Teepee', 'Safari', 'Speedy', 'Triomphe de Farcy' ; verts grimpants : 'Cobra' ; grimpants nains : 'Hestia', 'Pickwick' ; grimpants : 'Phénomène à Rames'.

Conseils d'expert

- Un manque d'humidité nuit à la récolte ; arrosez régulièrement et copieusement.
- Brumisez les fleurs de haricots grimpants pour favoriser la montée en graines.
- Cueillir les haricots stimule la production.

Les fèves

Les fèves sont un grand classique du potager, un délicieux aliment de base facile à cultiver en pot, surtout si vous choisissez une variété naine. Toutes les fèves sont un régal quand elles sont récoltées jeunes, lorsqu'elles sont tendres et sucrées, et celles du jardin sont forcément les meilleures.

Pot et substrat

Un grand pot de 60 cm de diamètre et 20 cm de profondeur ou plus est idéal pour les longues racines pivotantes de la fève, ainsi que du terreau pour balcon.

Les techniques de culture

1 Semez les variétés rustiques en automne, les autres au printemps.
2 Semez les graines à 5 cm de profondeur, tous les 15 à 20 cm. Placez le pot en plein soleil.
3 Soutenez les plantes hautes par des cannes ou des rames.
4 Maintenez le terreau humide. Arrosez bien dès le début de la floraison et fertilisez régulièrement.

La santé des plantes

La maladie des taches chocolat touche les feuilles des plantes trop tassées, par temps humide. Le problème est surtout esthétique, tout comme les encoches en U dans les feuilles dues au sitone du pois. Les souris adorent déterrer les graines : couvrez les pots jusqu'à la levée. Éloignez limaces et escargots des plantules (voir p. 32). Éliminez les pucerons noirs à la main (voir p. 34).

Récolte et conservation

Les fèves se dégustent à tous les stades, des petites gousses minces aux grosses graines à écosser et à éplucher. Cueillez-les régulièrement et consommez-les fraîches, ou blanchissez-les avant de les congeler.

Conseils d'expert

- Semez en automne pour devancer les pucerons. En région fraîche, posez des cloches ou du voile d'hivernage contre le froid.
- Pincez 7,5 cm des pousses dès la formation des gousses, pour concentrer la sève et limiter les pucerons noirs. (Ne les jetez pas, elles sont délicieuses cuites à la vapeur et revenues dans du beurre.)

Si la majorité des fèves sont hautes et enclines à s'affaisser, 'Robin Hood' est une variété compacte idéale pour la culture en pot. Semez en automne pour une récolte précoce.

VARIÉTÉS 'Aquadulce Claudia', 'Crimson Flowered', 'Express', 'Jubilee Hysor', 'Karmazyn', 'The Sutton'.

Haricots & tournesols

Les haricots grimpants et les tournesols comptent parmi les cultures associées les plus gratifiantes. Ils ne demandent qu'un apport régulier d'eau en échange de fleurs majestueuses et d'une profusion de haricots. Ils composent un ensemble éblouissant mis en valeur par ce grand pot en granit. Ils sont aussi un plaisir pour les enfants qui aiment semer les grosses graines et observer la croissance de ces plantes amusantes en été.

Semez quand les gelées sont passées, dans un endroit abrité et ensoleillé. Placez deux graines à la fois au cas où l'une échouerait, en laissant au moins 10 cm entre les graines de tournesol et celles de haricots grimpants pour qu'elles aient la place de se développer. Six plants de chaque cohabiteront dans un pot de 40 cm de large.

Les haricots semblent préférer grimper sur les tournesols que sur des cannes de bambou – les tiges poilues offrent peut-être plus de prise que le bambou lisse. Il est prudent de tuteurer les tournesols au cas où ils crouleraient sous les haricots (les cannes serviront peut-être aussi aux haricots). Commencez par de petits tuteurs quand les plantes entrent en croissance, puis quand celles-ci atteignent le haut, remplacez-les par des tuteurs plus grands, de la hauteur finale des tournesols au moins. Si un haricot s'aventure sur un petit tuteur, ramenez-le délicatement sur le tournesol. Quand les grands tuteurs sont en place, laissez les haricots grimper. Quand ils atteignent le sommet des tournesols ou des tuteurs, pincez leur extrémité pour stopper leur croissance et favoriser la fructification. Un arrosage régulier s'avère vital pour ces deux plantes assoiffées, surtout pendant la floraison des haricots ou le développement des jeunes gousses.

Récoltez les pétales des tournesols quand ils s'épanouissent pour agrémenter vos salades et laissez les graines sécher sur la plante, pour vous ou pour les oiseaux. Cueillez les haricots pour les encourager à produire jusqu'aux premières gelées (voir p. 118).

Cette potée éclatante est simple à cultiver, éblouissante et extrêmement productive. Elle offre une récolte de haricots apparemment inépuisable en même temps que de superbes fleurs.

La plantation de haricots et de tournesols

Le matériel

- pot carré en granit, de 40 cm de diamètre ou plus ;
- matériau de drainage (voir p. 15) ;
- terreau pour balcon ;
- graines de haricots et de tournesols ;
- cannes de bambou courtes et longues, ficelle de jardin.

1 Tapissez le fond du pot de matériau de drainage et remplissez de terreau, en laissant un espace de 5 cm entre le rebord et le terreau. Humidifiez le terreau. Semez à intervalles réguliers, deux graines à la fois par précaution. Arrosez.

2 Pincez les plantules les plus faibles à chaque stade suivant la germination. Quand les plantes se développent, enfoncez les tuteurs dans le terreau pour soutenir les tournesols. Liez-les avec de la ficelle. Paillez avec du compost de jardin (voir p. 118).

3 Si par hasard un haricot grimpe sur un petit tuteur, ramenez-le délicatement sur la tige de tournesol.

4 Remplacez les petits tuteurs par de plus grands quand les tournesols atteignent le haut, afin qu'ils soient soutenus quand les haricots s'alourdiront. Brumisez les fleurs de haricots pour aider la montée en graines si nécessaire.

5 Arrosez régulièrement, surtout quand les fleurs apparaissent. Un temps très chaud peut exiger un arrosage matin et soir. Fertilisez régulièrement. Pincez les pousses des haricots quand ils atteignent le haut de leur support.

Les petits pois

Les petits pois maison sont un *must* de la culture en pot. Dès la cueillette, leurs sucres se transforment en amidon : pour les goûter à leur apogée, l'idéal est donc de les cultiver. Les pousses et les sommités sont également délicieuses en salade. Vous pouvez consacrer des potées aux pousses, ou tenter les mange-tout. Ils sont hauts mais poussent plus vite que les petits pois.

Pot et substrat

Utilisez un pot de 20 cm de profondeur ou plus ; certaines variétés comme 'Half Pint' fructifient en balconnière. Garnissez de terreau pour balcon un contenant doté de nombreux trous de drainage pour l'évacuation de l'eau.

Les techniques de culture

1 Semez les pois à grains ronds et à grains ridés du début du printemps au début de l'été, espacés de 10 cm. Les grains ronds, plus rustiques, peuvent être semés en automne. Étalez les semis sur quelques semaines pour éviter une surabondance.

Pour une récolte longue et constante de pois frais et sucrés, cueillez régulièrement les gousses rebondies.

Conseils d'expert

- Appliquez un paillis en couche épaisse après l'arrosage pour conserver l'humidité du terreau.
- Cueillez régulièrement les gousses dès qu'elles sont à maturité pour prolonger la floraison et la fructification.

2 Placez les contenants dans un endroit dégagé et ensoleillé.
3 Les variétés hautes demandent un support : rames de branchage, cannes de bambou ou filet (voir p. 127).
4 Soyez attentif à l'arrosage, notamment après la floraison. Les jeunes gousses demandent beaucoup d'humidité pour bien gonfler. Fertilisez régulièrement.

La santé des plantes

Tendez un filet ou démarrez les plantes sous abri pour les protéger des attaques des pigeons et des souris. Faites des semis précoces et tardifs pour éviter que les chenilles de la tordeuse du pois ne dévorent les graines. Le sitone du pois laisse des encoches dans les feuilles mais n'affecte par la récolte.

Récolte et conservation

La majorité des pois sont à maturité deux mois après les semis, quand les gousses sont pleines. Cueillez les mange-tout et les sugar snaps au début du développement des graines et dégustez toute la gousse. Écossez les petits pois et mangez-les crus ou cuits, ou congelez-les aussitôt.

VARIÉTÉS 'Douce Provence', 'Nain Merveille de Kelvedon', 'Téléphone', 'Très Hâtif d'Annonay' ; mange-tout : 'Carouby de Maussane', 'Nain Bamby', 'Oregon Sugar Pod' ; sugar snap : 'Cascadia', 'Delikett'.

Le maïs doux

La culture du maïs doux est délicate en pot car il doit être planté en carrés pour optimiser sa pollinisation qui se fait grâce au vent. Il mérite pourtant l'effort si vous disposez de pots assez grands. Les mini-maïs sont parfaits pour les petits contenants et se récoltent avant la pollinisation. Cultiver le maïs doux permet de le déguster à sa saveur optimale car ses sucres se transforment en amidon dès qu'il est cueilli.

De nouvelles variétés de maïs doux (« super doux ») sont encore plus riches en sucre que les maïs traditionnels. 'Sweetie Pie', précoce, est exceptionnellement sucré.

Pot et substrat

Plantez cinq ou six plants de maïs traditionnel dans de très grands pots ou bacs de 20 cm de profondeur et 60 cm ou plus de diamètre. Les mini-maïs conviennent à des pots un peu plus petits. Mélangez trois parts de terreau de rempotage et une part de compost de jardin ou de matière organique.

Les techniques de culture

1 Semez en intérieur ou sous abri vitré, ou bien en extérieur quand les températures atteignent 10 °C et que les gelées sont passées. Sinon, partez de jeunes plants.
2 Plantez les variétés traditionnelles en groupe de cinq plantes au moins pour une pollinisation croisée. Placez les pots dans un endroit ensoleillé et abrité.
3 Arrosez bien et fertilisez régulièrement.

Démarrez le maïs doux sous abri en milieu de printemps ou semez en extérieur quand les gelées sont passées.

La santé des plantes

Généralement sans problèmes.

Récolte et conservation

Cueillez les mini-maïs juste avant l'apparition des soies. Le maïs traditionnel est mûr quand les soies commencent à brunir et que les grains sont laiteux – testez avec l'ongle (voir p. 124). Tordez la tige pour cueillir les épis juste avant de les consommer. Autrement, mettez vite les épis entiers au réfrigérateur. Les grains peuvent être prélevés, blanchis et congelés. Suspendez les variétés à éclater et faites-les sécher avant d'en faire du pop-corn.

VARIÉTÉS 'Arc-en-ciel Inca', 'Art Verrel', 'Miner' ; mini-maïs : 'Minipop' ; maïs à éclater : 'Red Strawberry'.

Conseils d'expert

- Paillez et buttez les racines exposées pour stabiliser la plante.
- L'arrosage est vital pendant la floraison. Appliquez un engrais liquide quand les épis commencent à gonfler.
- Tapotez les soies à leur apparition pour aider la pollinisation.
- Cultivez un seul type de maïs doux, sinon ils se pollinisent entre eux et perdent en saveur.

Haricots & maïs doux

Inspiré de la méthode de culture associée des Indiens d'Amérique, ce grand bac en plastique marie d'élégantes cannes de maïs doux et des haricots grimpants nains. Dans le système d'origine, les haricots grimpent le long du maïs doux, mais ici le port buissonnant des haricots fournit un paillis autour des pieds de maïs, garde les racines au frais, stabilise les tiges et maintient le terreau humide.

En guise de matériau de drainage, il est astucieux de réutiliser des pots en plastique usagés plutôt que des monceaux de tessons ou de gravier. Ces pots étant légers, vous utiliserez moins de terreau et le bac sera plus léger à déplacer. On cultive traditionnellement le maïs doux en carrés pour favoriser la pollinisation (voir p. 123), donc pourvu que votre bac fournisse l'espace nécessaire à la croissance des plantes, elles devraient avoir un bon rendement. Plantez un haricot grimpant nain à côté de chaque plant de maïs. Fleurs et gousses sont comestibles. Cueillez les haricots au fur et à mesure de leur maturation. Les laisser sur la plante interrompt la production et raccourcit la période de récolte.

Semez en place en fin de printemps ou en début d'été, quand les gelées sont passées. Placez le bac dans un endroit ensoleillé et lumineux, à l'abri du vent afin que les insectes pollinisateurs atteignent les fleurs des haricots. Arrosez bien, surtout pendant la floraison et le développement des gousses et des épis. Dès ce moment, appliquez un engrais liquide pour tomates toutes les semaines. Paillez en été (voir p. 118).

Ci-dessus : les épis sont prêts quand les soies commencent à brunir. Pressez un grain avec l'ongle. S'il en sort un liquide laiteux, il est mûr ; si c'est de l'eau, laissez l'épi sur la plante encore un jour ou deux.

Ci-contre : l'association du maïs doux et des haricots dans un pot fonctionne très bien car les haricots fournissent de l'azote au maïs et le protègent. Le maïs soutient les haricots et les abrite, et il attire les abeilles et autres insectes pollinisateurs.

La plantation de haricots et de maïs doux

Le matériel

- grand bac en plastique de 50 cm de diamètre ;
- matériau de drainage (voir p. 15) ou pots en plastique usagés ;
- terreau pour balcon ;
- graines de maïs doux et de haricots grimpants nains.

1 Tapissez le fond du bac de pots en plastique usagés, retournés, ou d'une couche épaisse de matériau de drainage.

2 Couvrez les pots de terreau de rempotage et remplissez le bac jusqu'à 5 cm du rebord afin de garder un espace pour l'arrosage. Arrosez le terreau.

3 Semez deux graines de maïs doux à intervalles réguliers au cas où certaines ne germeraient pas. Six ou sept plantes seront à l'aise dans un pot de cette taille, espacées régulièrement sur tout le pourtour du pot et au milieu.

4 Semez les haricots de la même façon, deux graines à la fois, près des graines de maïs de façon qu'ils puissent grimper le long des cannes. Arrosez bien. Éclaircissez la plantule la plus faible de chaque paire chez les deux plantes.

5 Arrosez et fertilisez régulièrement. Ces plantes peuvent demander deux arrosages quotidiens par temps sec, matin et soir. Dégustez le maïs dès la cueillette (voir p. 123) et récoltez les haricots régulièrement (voir p. 118).

Une potée estivale

Si vous avez simplement envie de tenter quelques cultures estivales, voici une association facile qui vous alimentera quelques semaines en légumes frais. La romaine sera prête huit semaines après les semis, suivie des pois qui grimpent au centre, et la betterave rouge sera bonne à récolter dès qu'elle atteindra la taille d'une balle de golf.

La romaine, à port dressé étroit, est un bon choix dans un espace restreint. Choisissez une variété de betterave ronde plutôt que cylindrique, qui souffrirait au bord du pot. N'importe quelle variété de pois à écosser ou de mange-tout fera l'affaire dans cette composition.

Semez directement dans le pot définitif en fin de printemps, dans un endroit dégagé et ensoleillé. Évitez de semer plus tôt car les graines de pois pourrissent dans un sol froid et humide. Arrosez le terreau avant de semer et, pour vous épargner la peine d'éclaircir les plantules ultérieurement, semez à l'endroit précis où vous voulez que la plante pousse. Appliquez un engrais liquide universel toutes les deux semaines et arrosez régulièrement, surtout quand les pois sont en fleur. Quand les plantules de pois émergent, éliminez la plus faible de chaque paire afin de garder une plante par tuteur.

Les romaines seront à maturité quand elles auront développé un beau cœur ferme (voir p. 131). Récoltez les premières petites betteraves (voir p. 100) : les racines restantes auront ainsi plus d'espace pour se développer si vous le souhaitez. Cueillez les pois régulièrement pour profiter d'une fraîcheur absolue. Commencez la récolte par le bas de la plante et continuez vers le haut (voir p. 122).

Toutes les cultures de ce pot peuvent être semées successivement dans d'autres pots, deux ou trois semaines après celles-ci, pour une récolte continue de bons légumes frais.

La plantation d'un pot estival

Le matériel

- pot en terre cuite de 40 cm de diamètre ou plus ;
- matériau de drainage ;
- terreau pour balcon ;
- cannes de bambou ;
- ficelle de jardin ;
- graines de pois, betterave et romaine.

1 Tapissez le fond du pot de matériau de drainage, puis emplissez de terreau jusqu'à 5 cm du bord. Tassez le terreau. Disposez les cannes en cercle vers le milieu du pot, en laissant un espace suffisant pour les betteraves et les romaines sur le pourtour.

2 Réunissez les tuteurs par le haut et liez-les avec de la ficelle. Enroulez sur plusieurs tours avant de faire un nœud.

3 Avant de semer, arrosez le terreau et imprégnez-le bien. Semez deux graines de pois au pied de chaque tuteur, puis une pincée de graines de romaine et un rang de graines de betterave sur le pourtour du pot. Maintenez le terreau humide pendant la germination.

4 Éclaircissez les plantules de betterave (voir p. 100) et de romaine. Guidez les jeunes pois le long des tuteurs jusqu'à ce qu'ils s'accrochent d'eux-mêmes. Fertilisez et arrosez régulièrement.

5 Cueillez les pois régulièrement pour les déguster tendres et frais. Cueillez les romaines quand le cœur est bien formé et les betteraves à la taille qui vous convient.

Les choux

Il existe tant de variétés de chou que vous pourriez en récolter toute l'année, mais mieux vaut se cantonner aux variétés compactes pour une culture en pot. Choux de printemps, d'été ou d'hiver, tous se cultivent de la même façon, on les sème et on les plante simplement à différentes époques de l'année.

Pot et substrat

Plantez dans un grand contenant de 20 cm de profondeur ou plus (les sacs de culture ne sont pas assez profonds). Les choux prospèrent dans un sol riche et ferme ; mélangez à parts égales du terreau pour balcon, de la terre franche et de la matière organique bien décomposée.

Les techniques de culture

1 Avant de semer, tassez bien le terreau dans les pots. Semez clair.
2 Quand les plantes poussent, ramenez le terreau autour de la tige pour renforcer leur stabilité.
3 Ne laissez pas le terreau se dessécher et arrosez bien quand les têtes se forment.
4 Appliquez un engrais riche en azote tout au long de la saison de végétation.

La santé des plantes

Posez un filet contre les pigeons, les altises (voir p. 35) et la grande piéride du chou. Recherchez des amas d'œufs au revers des feuilles des plantes et éliminez-les avant qu'ils ne se transforment en chenilles affamées, qui semblent préférer les choux verts aux choux rouges (voir p. 35).

Conseils d'expert

- Le terreau de rempotage universel est trop meuble pour la culture des choux.
- Les choux ne pommeront pas s'ils ne sont pas tenus fermement dans le terreau.

Récolte et conservation

Cueillez les jeunes feuilles dès qu'elles sont assez grandes. Autrement, attendez que le cœur soit ferme et coupez la tige au ras du terreau. Entaillez le trognon en croix pour obtenir une seconde récolte de petites têtes. Le chou d'hiver peut rester dans son pot jusqu'au moment de la consommation, mais ramassez les autres types avant les premières gelées et conservez-les dans des sacs en filet. Les choux ne se congèlent pas.

VARIÉTÉS verts : 'Cœur de Bœuf', 'Express', 'Minicole', 'Pixie', 'Shelta' ; rouges : 'Primero', 'Rodeo', 'Rouge hâtif de Langendijk', 'Ruby Ball'.

Les choux ont besoin d'un terreau ferme, qui les maintient dressés et les aide à former une tête robuste. Ramenez le terreau autour des tiges et tassez-le.

Les variétés petites et compactes sont parfaites en pot. Récoltez les jeunes feuilles ou laissez les choux pommer.

Le chou frisé

Ce savoureux légume d'hiver est l'un des légumes feuillus les plus faciles à cultiver. Il supporte mieux le froid que les autres crucifères et connaît maintenant un succès mérité. Le chou frisé nain est décoratif et se porte très bien en pot. Il vous fournira des feuilles délicieuses tout au long de l'hiver et du printemps.

Pot et substrat

Garnissez un pot de 20 cm de profondeur ou plus de terreau de rempotage riche et bien drainé.

Les techniques de culture

1 Semez clair du milieu du printemps au milieu de l'été, en rangs ou parmi d'autres cultures.
2 Paillez et ne laissez pas les plantes se dessécher.
3 Fertilisez les plants une fois pour les stimuler.
4 Quand les choux sont établis, cueillez régulièrement de jeunes feuilles pour encourager la repousse et pincez les tiges florales.

Incontournable, le chou frisé est facile à cultiver, plein de saveur et nourrissant. Plantez-le seul ou parmi d'autres cultures.

Conseils d'expert

- Si vous repiquez de jeunes plants, enfoncez le chou frisé dans le terreau jusqu'aux premières feuilles et tassez bien.
- Les choux frisés supportent une situation légèrement ombragée dans le jardin.

La santé des plantes

Tendez un filet contre les oiseaux, qui semblent préférer les choux frisés verts aux rouges.

Récolte et conservation

Certains choux frisés se récoltent feuille à feuille, quand les pieds atteignent 5 cm de haut. Cueillez les jeunes feuilles des autres en début d'automne (d'abord celles du haut). Une fois la couronne dénudée, cueillez les nouvelles feuilles latérales du milieu de l'hiver à la fin du printemps, jusqu'à la montée en graines. Les feuilles se dégustent fraîches ou se gardent quelques jours au réfrigérateur.

VARIÉTÉS noir : 'Nero di Toscana' ('Noir de Toscane') ; verts : 'Fribor', 'Red Russian', 'Reflex' ; rouge : 'Redbor'.

Si vous cueillez régulièrement ses feuilles, le chou frisé en produira de nouvelles. Deux pots suffiront à vous alimenter.

Les salades

De culture rapide et facile, les laitues sont très productives et introduisent une gamme fantastique de couleurs et de textures dans un contenant. Certaines sont pommées, comme la romaine, d'autres ont des feuilles lâches, mais toutes peuvent être cueillies comme salades à couper ; les feuilles repoussent pendant des mois et composent des mescluns appétissants. Choisissez les bonnes variétés et vous aurez des salades toute l'année. Consacrez-leur des pots ou répartissez-les parmi d'autres cultures.

Pot et substrat

Plantez dans un contenant d'au moins 10 cm de profondeur (balconnière, pot, sac de culture), garni de trois parts de terreau pour balcon pour une part de compost de jardin.

Les techniques de culture

1 Semez les salades de printemps et d'été à partir du début du printemps, en rangs courts, toutes les deux semaines pour une récolte régulière sans surabondance. L'utilisation en salade à couper réduit le risque de montée en graines par temps chaud et sec. Semez les variétés d'hiver et de début de printemps en fin d'été et en début d'automne et couvrez avec des cloches.

2 Placez les contenants en plein soleil ou dans un endroit bien éclairé.

3 Arrosez bien le matin par temps sec pour éviter la brûlure des feuilles et les attaques de limaces mises en appétit par l'arrosage du soir. Un manque d'eau fait monter en graines les laitues pommées. Les laitues d'hiver ne demandent pas d'intervention pourvu que le terreau soit humide. Fertilisez régulièrement toutes les laitues.

Les laitues pommées sont parfaites dans tous les espaces, parmi d'autres cultures ou isolées.

Cultivez des rangs de salades à couper de couleurs et de formes différentes pour une réserve permanente de mesclun.

Les potées de mizuna, laitue et moutarde offrent un beau mélange de saveurs, et des fleurs comme le myosotis ajoutent à leur charme.

La santé des plantes

Protégez les plantules des limaces et des escargots (voir p. 32). Les étés froids et humides sont propices à la pourriture grise. Supprimez aussitôt les parties touchées et évitez les plantations trop denses. Les laitues sont enclines à monter en graines par temps chaud et sec.

Récolte et conservation

Quand les laitues forment une tête ferme, coupez avec un couteau aiguisé, le matin quand elles sont fraîches. Prélevez les feuilles des salades à couper selon vos besoins. Coupez-les à la base aux ciseaux, quelques-unes sur chaque plante. Si vous devez les conserver, humidifiez-les et mettez-les dans un sac en plastique au réfrigérateur.

VARIÉTÉS chicorée : 'Indigo' ; mâche ; laitues pommées : 'Craquerelle du Midi', 'Little Gem' ; printemps : 'Appia', 'Reine de Mai' ; été et automne : 'Augusta', 'Kinemontepas', 'Pasquier' ; hiver : 'Brune d'Hiver', 'Val d'Orge' ; laitues à couper : 'Cocarde', 'Feuille de Chêne Blonde'.

Conseils d'expert

- Arrosez le terreau avant de semer pour que les graines soient en contact avec un sol humide (voir p. 132).
- Les laitues aiment le soleil mais si vous semez pendant les mois les plus chauds, placez les pots à l'ombre, semez le matin et arrosez avec de l'eau fraîche.
- Semez épais les laitues à couper, ou plus clair pour les laisser pommer.
- Maintenez le terreau humide. Le manque d'eau fait monter les laitues en graines.

Des salades tout l'été

Rien de plus simple que de cultiver diverses salades, bien moins coûteuses que les sachets des supermarchés. Semez un mélange de variétés pommées et de salades à couper dans une caissette en bois que vous pourrez même poser sur un rebord de fenêtre ; vous aurez ainsi une provision de feuilles fraîches à portée de main.

Les laitues et autres salades sont des cultures incroyablement faciles, à semer à tout moment entre le printemps et la fin de l'été. Protégées par un voile d'hivernage ou des cloches, elles peuvent même être semées en automne et cueillies tout au long de l'hiver. Tapissez un contenant en bois de plastique (un sac de terreau vide est parfait) avant de l'emplir de terreau de rempotage. Ainsi le bois ne pourrira pas et les produits traitants ne s'infiltreront pas dans le terreau. Après la levée, éclaircissez les variétés pommées pour leur donner de l'espace mais gardez les plantules, qui sont comestibles. Les feuilles à couper sont cueillies assez jeunes pour éviter l'éclaircissage si elles ont été semées clair à l'origine. Placez la caissette au soleil ou à mi-ombre (voir p. 131) et maintenez le terreau humide, surtout les étés chauds, car certaines variétés montent en graines en un clin d'œil.

Ci-contre : semez une caissette toutes les deux semaines pour une récolte régulière tout au long de l'été.

Les semis de salades en caissette

Le matériel

■ caisse en bois ■ revêtement en plastique ■ ciseaux ■ matériau de drainage (voir p. 15) ■ terreau de rempotage universel ■ compost de jardin ■ plantoir ■ graines de salades d'une ou plusieurs variétés (voir p. 131).

1 Tapissez le fond de la caisse de plastique et percez celui-ci de trous de drainage aux ciseaux. Étalez une couche de matériau de drainage. Maintenez le plastique le long des bords et emplissez la caisse de terreau et de compost mélangés (voir p. 130). Arrosez.

2 Tracez deux ou trois sillons superficiels à l'aide d'un plantoir ou avec le doigt. Semez clair une pincée de graines le long de chaque sillon, puis ramenez le terreau au-dessus des graines, entre le pouce et l'index.

3 Quand les plantules de variétés pommées atteignent 2 cm de haut, éclaircissez-les à quatre ou cinq plants par rang. Arrosez et fertilisez régulièrement les laitues. Protégez-les des limaces et des escargots (voir p. 32).

4 Récoltez régulièrement les feuilles à couper quand elles atteignent 5 cm de haut (voir p. 131), ou laissez-les pousser jusqu'à 15 cm après les avoir un peu éclaircies. Vous pouvez alors cueillir toute la tête.

5 Pour récolter une laitue pommée traditionnelle, arrachez la plante ou coupez-la au ras du terreau avec un couteau bien aiguisé.

Légumes-feuilles orientaux

Ce terme recouvre un groupe de plus en plus populaire de légumes-feuilles et de salades tels que le pak-choï, le pet-saï et la mizuna. Tous offrent une belle texture et une saveur relevée. Ils peuvent être cultivés en grosses têtes ou en feuilles à couper. La plupart fournissent des feuilles fraîches du milieu de l'été au début de l'hiver.

Pot et substrat
Plantez dans un pot de 15 cm de profondeur ou plus, dans un terreau de qualité retenant bien l'eau. Consacrez-leur un pot ou répartissez-les parmi d'autres cultures.

Les techniques de culture
1 Semez clair du milieu du printemps au milieu de l'été, dans un endroit ensoleillé et abrité (voir p. 137).
2 Arrosez et fertilisez régulièrement pour éviter la montée en graines et améliorer la saveur. Arrosez peu le pet-saï, mais souvent.

La santé des plantes
Éloignez les limaces, notamment du pet-saï (voir p. 32). Protégez ces derniers des chenilles de la piéride du chou et des altises par un filet (voir p. 35).

Conseil d'expert

- Poser un voile d'hivernage ou des cloches en automne prolonge la période de récolte.

Récolte et conservation
La majorité de ces légumes ont une croissance rapide. Récoltez les jeunes feuilles à couper deux semaines après la levée, et les plantes entières au bout de dix semaines environ. Les feuilles se conservent mal, ne prélevez que le nécessaire au fur et à mesure de vos besoins. Les trognons repartiront et vous fourniront une deuxième récolte, voire une troisième. Consommez les feuilles en salade, sautées ou dans un bouillon.

VARIÉTÉS pet-saï : 'Kasumi', 'One Kilo', 'Yuki' ; moutarde rouge géante ; mibuna ; mizuna ; pak-choï : 'Canton Nain', 'Tah Tsai', 'Tatsoi'.

La mizuna ne cesse pas de pousser, peu importe ce que vous coupez, même tout l'hiver sous climat tempéré chaud.

Les feuilles de mibuna deviennent coriaces quand les plantes montent en graines par temps très chaud.

La roquette

La roquette est une salade poivrée aux fleurs comestibles qui peut aussi être cuite. Variétés horticoles ou sauvages sont faciles à cultiver – un atout vu leur prix dans le commerce.

Pot et substrat

Plantez dans un pot, un bac, une balconnière ou un sac de culture de 10 cm de profondeur, empli de terreau pour balcon.

Les techniques de culture

1 Semez clair, dans un endroit légèrement ombragé, du milieu du printemps au début de l'automne (voir p. 155).
2 Éclaircissez tous les 10 cm.
3 La roquette monte volontiers en graines ; semez-la toutes les deux semaines. En hiver, sous climat frais, protégez les semis d'automne par des cloches ou un voile d'hivernage.
4 Arrosez régulièrement pour éviter la montée en graines, mais sans excès – trop d'eau dilue la saveur. Fertilisez régulièrement.
5 Pincez les bourgeons floraux, aussi comestibles.

La santé des plantes

Les altises risquent de défolier les plantes (voir p. 35). Tendez un filet à maille fine.

La roquette émet de jolies fleurs. Laissez la dernière récolte se ressemer, vous aurez de nouvelles plantes l'année suivante.

Récolte et conservation

La roquette est à maturité quatre semaines seulement après les semis. Récoltez souvent, les têtes entières ou les feuilles. Dégustez les feuilles fraîches ou en pesto.

VARIÉTÉS espèce cultivée : *Eruca sativa*, 'Runway' ; roquette sauvage : *Diplotaxis ericoides*.

Les variétés horticoles et sauvages peuvent être arrachées entières ou cueillies feuille à feuille.

Conseil d'expert

- Pour multiplier votre culture, laissez quelques plantes monter en graines.

Du piquant en cuisine

La cuisine asiatique est réputée pour ses notes épicées. Vous les retrouverez dans ce pot en terre cuite empli de saveurs orientales. Les piments frais ajoutent une pointe de feu aux currys et aux soupes, et les feuilles poivrées de mizuna et de mibuna relèvent les salades. Les feuilles matures de pak choi sont excellentes dans les bouillons asiatiques et les feuilles tendres dans les sautés. Leur vert frais décoratif contraste joliment avec le pot de terre cuite, placé à portée de main près de la cuisine.

Les piments sont lents à pousser et mûrissent tout l'été. La maturation est rapide par temps chaud (voir p. 83) mais peut prendre jusqu'à l'automne si le temps est médiocre. Pour prendre de l'avance, achetez de jeunes plants en jardinerie ou par correspondance et plantez-les directement dans le pot définitif quand tout risque de gel est passé. Placez le pot à l'endroit le plus chaud et le plus ensoleillé possible. Pincez les pousses et appliquez un engrais liquide pour tomates toutes les semaines après l'apparition des fleurs. Pour améliorer la production, pollinisez les fleurs vous-même (voir p. 86). Selon la variété, les plantes devront être tuteurées pour éviter que les branches ne cassent sous le poids des fruits.

La mizuna et la mibuna sont deux des cultures les plus faciles et les plus gratifiantes (voir p. 134). Elles ne cesseront pas de produire des feuilles fraîches et piquantes pourvu que vous les cueilliez régulièrement et pinciez les tiges florales avant qu'elles ne montent en graines. Le pak choi est sujet à ce problème, notamment en période sèche : veillez à bien l'arroser. Pour éviter une montée en graines prématurée, choisissez des graines sélectionnées pour leur croissance vigoureuse (incluant la résistance à la montée en graines), leur bon taux de germination et leur résistance aux ravageurs et aux maladies. Elles sont plus chères que les graines ordinaires mais la réussite est meilleure. Chaque graine devrait germer ; il est donc inutile de forcer la dose pour assurer le résultat.

Récoltez la mibuna et la mizuna au fil de vos besoins. Elles se détériorent rapidement après la cueillette. Ces deux plantes ont une croissance vigoureuse qui se poursuit tout l'hiver sous climat doux.

La plantation de légumes-feuilles orientaux

Le matériel

- pot en terre cuite de 30 cm de diamètre ;
- matériau de drainage (voir p. 15) ;
- terreau de rempotage universel ;
- plant de piment, graines de mibuna, mizuna et pak-choï.

1 Tapissez le fond du pot de matériau de drainage et emplissez-le de terreau aux trois quarts. Plantez le piment au centre du pot à la même profondeur que dans son pot d'origine et ajoutez du terreau. Arrosez copieusement.

2 Tracez un sillon superficiel le long des bords du pot et semez deux côtés de mibuna et un côté de mizuna. Recouvrez de terreau au fur et à mesure.

3 Semez les graines de pak-choï sur le quatrième côté. Couvrez-les de terreau afin qu'elles soient à la profondeur indiquée sur l'emballage.

4 Arrosez bien les graines pour favoriser l'établissement et la germination. Puis maintenez le terreau humide : ne le laissez jamais se dessécher. Fertilisez régulièrement. Protégez les jeunes plantes des limaces et des escargots (voir p. 32).

5 Éclaircissez les plantules. Les pak-choï demandent plus d'espace que la mizuna et la mibuna, dont les feuilles peuvent être coupées (voir p. 134). Consommez les plantules en salade. Cueillez les premiers piments quand ils sont verts (voir p. 87).

Les plantes aromatiques

Les fleurs comme les feuilles tubulaires de la ciboulette sont comestibles et ajoutent un parfum d'oignon dans vos plats.

Ciboulette

La ciboulette (*Allium schoenoprasum*), à la saveur d'oignon, est indispensable en cuisine, facile à cultiver et heureuse en pot. Ses fleurs comestibles font le bonheur des abeilles et autres pollinisateurs (voir p. 24).

Pot et substrat

La ciboulette prospère en pot, suspension et balconnière de 10 cm de profondeur au moins. Prenez du terreau pour balcon car elle demande un substrat riche, frais à bien drainé.

Les techniques de culture

- Semez en début de printemps dans un pot placé sur un rebord de fenêtre ensoleillé, à 20 °C. Transplantez en extérieur quand il n'y a plus grand risque de gel. Semez en extérieur de la fin du printemps au début de l'été.
- La ciboulette supporte le soleil et la mi-ombre.

Les abeilles et autres pollinisateurs butinent allègrement les fleurs de ciboulette en été.

- Paillez au printemps et pincez les fleurs avant qu'elles ne se fanent pour encourager la croissance des feuilles.
- Tous les deux ou trois ans, divisez les touffes au printemps (voir p. 105) ou remplacez les plantes.

La santé des plantes

Une plantation trop dense est propice à la rouille (taches jaune vif sur les feuilles). Rabattez vite les plantes atteintes.

Récolte et conservation

Coupez les feuilles à 3 cm de la base quand elles atteignent 15 cm. Cueillez jusqu'aux premières gelées.

VARIÉTÉS 'Corsican White', 'Pink Perfection' ; *A. tuberosum*.

Aneth

Son feuillage léger et ses fleurs jaunes en ombelles qui attirent les insectes utiles font de l'aneth (*Anethum graveolens*) une jolie vedette dans une potée d'aromatiques. Ses feuilles douces et fraîches et ses graines plus piquantes relèvent les soupes et les salades. Ne le cultivez pas près du fenouil car la pollinisation croisée affaiblit la saveur de chacun d'eux.

Pot et substrat

Plantez dans un pot de 30 cm de diamètre ou plus, garni de terreau de rempotage universel mêlé de sable.

Les techniques de culture

- Semez directement en pot en extérieur après les gelées ou repiquez de jeunes plants.
- Cultivez dans un endroit abrité, un peu ombragé.
- Récoltez régulièrement pour faire buissonner les pieds. Ne rabattez jamais l'aneth.
- Éphémère, il monte en graines au moindre dessèchement. Semez à intervalles réguliers.
- Tuteurez les plantes au besoin, avec des rames à pois et de la ficelle.

Laissez l'aneth fleurir puis cueillez les inflorescences en graines pour les faire sécher quand elles commencent à mûrir.

La santé des plantes

Les limaces et les escargots adorent l'aneth ; protégez le pot et les plantes (voir p. 34).

Récolte et conservation

Les feuilles peuvent être cueillies environ deux mois après les semis. Consommez-les fraîches ou conservez-les au réfrigérateur pendant deux semaines, ou congelez-les ciselées et mélangées à de l'eau dans des bacs à glaçons. Quand les graines commencent à mûrir, mettez-les dans un sac en papier pour les faire sécher. Elles mûrissent toutes en même temps. Conservez-les dans un récipient hermétique.

VARIÉTÉ 'Diana'.

Raifort

Il est préférable de cultiver le raifort (*Armoracia rusticana*) en pot car il est envahissant en pleine terre. Cette vivace très rustique et accommodante vous fournira des racines fraîches poivrées que vous avez peu de chance de trouver dans le commerce. Elle a une longévité de plusieurs années.

Déterrez les plantes en automne pour récolter les racines de raifort. Utilisez ce dont vous avez besoin et conservez le reste dans du sable humide en attendant de replanter au printemps.

Pot et substrat

Plantez dans un contenant grand et profond ou une poubelle. Emplissez-le de terreau pour balcon mélangé avec du sable pour un bon drainage.

Les techniques de culture

- Semez, ou enracinez des boutures de 15 cm de long (peu importe le sens) dans des trous creusés au plantoir.
- Le raifort apprécie une situation ensoleillée mais supporte un peu d'ombre.
- Arrosez par temps sec et appliquez un engrais à base d'algues pendant l'été.

La santé des plantes

Posez un filet pour protéger les feuilles des chenilles de la grande piéride du chou (voir p. 35).

Récolte et conservation

Consommez les jeunes feuilles fraîches ou séchées et divisez les racines ou déterrez-les selon vos besoins. Autrement, déterrez toute la plante pour une récolte en automne et conservez les racines dans des boîtes remplies de sable pour un usage ultérieur ou pour les replanter en boutures au printemps. Les racines fraîches se mangent râpées ou émincées, ou se conservent dans le vinaigre. Elles se gardent une semaine au réfrigérateur. Le raifort perd toute saveur quand il est cuit.

VARIÉTÉ 'Variegata'.

Coriandre

Les feuilles et les graines de cette annuelle ont une saveur épicée caractéristique. Fleurs et racines sont aussi comestibles. La coriandre (*Coriandrum sativum*) est facile à cultiver à partir de semis et productive.

Pot et substrat

Plantez dans un pot bien drainé de 10 cm de profondeur, empli de terreau de rempotage universel.

Les techniques de culture

- Semez à partir du printemps. Attendez la fin des gelées pour semer en extérieur (voir p. 144).
- Choisissez un endroit chaud mais ombragé (voir p. 144) si vous cultivez la coriandre pour ses feuilles. Les graines germent mieux en plein soleil.
- Semez un peu toutes les trois à quatre semaines.
- Arrosez régulièrement car la coriandre monte en graines à la moindre perturbation. Appliquez un engrais liquide pendant toute la saison de végétation.

La santé des plantes

Elle est plutôt exempte de problèmes.

La coriandre monte rapidement en graines. Cultivez-la en potées successives ou semez-la à intervalles réguliers parmi d'autres cultures pour un approvisionnement constant.

Récolte et conservation

Cueillez sept à neuf semaines après les semis. Consommez les feuilles fraîches ou congelées dans des bacs à glaçons. En automne, coupez les inflorescences en graines quand elles sont presque mûres, faites-les sécher dans des sacs en papier et placez-les dans une boîte hermétique.

VARIÉTÉS 'Calypso', 'Confetti', 'Leisure', 'Lemon'.

Citronnelle

Voici un ingrédient traditionnel de la cuisine asiatique, au parfum doux et citronné. Les feuilles de la citronnelle (*Cymbopogon citratus*) ont un port gracieux, très décoratif en pot.

Pot et substrat

Prévoyez un pot de 40 cm de large au moins. Mélangez du sable à du compost de jardin ou du terreau pour balcon.

Les techniques de culture

- Cultivez-la en extérieur si les températures nocturnes sont supérieures à 13 °C. Sinon gardez-la en intérieur.
- Repiquez de jeunes plants ou faites enraciner une tige dans un verre d'eau puis repiquez-la. Semez à 20 °C. La germination demande deux à trois semaines.
- Ne laissez pas les plantes se dessécher en été et appliquez un engrais liquide pendant toute la saison de végétation.
- Les plantes entrent en dormance quand les températures et la lumière baissent. Réduisez alors les arrosages et rabattez à 10 cm au-dessus des tiges.
- Protégez la citronnelle du gel en hiver.
- Divisez les plantes en séparant délicatement les touffes à la main. Rempotez dans un contenant de la taille de la motte de racines : la citronnelle aime être à l'étroit.

La santé des plantes

Maintenez le terreau quasiment sec en hiver. Placez le pot hors gel pour éviter le mildiou (voir p. 35) et la pourriture.

La citronnelle est idéale en pot sous climat tempéré frais car on peut ainsi la rentrer sous abri pour l'hiver.

Toutes les parties du fenouil à la saveur d'anis sont comestibles, y compris les graines consommées fraîches ou séchées.

Récolte et conservation

Récoltez feuilles et tiges pendant toute la saison de végétation et consommez-les fraîches ou sèches. Coupez les tiges au ras du sol et utilisez les 10 cm à partir de la base de chaque tige.

VARIÉTÉ Seule l'espèce est cultivée.

Fenouil

Proche parent du fenouil de Florence bulbeux, ce fenouil (*Foeniculum vulgare*) au feuillage finement découpé est cultivé pour ses feuilles et ses graines à la saveur anisée, et même pour ses fleurs. Dans une potée mélangée, cette plante aérienne accroche le regard. Pensez aussi aux variétés à feuillage coloré.

Pot et substrat

Plantez en pot, bac ou balconnière de 30 cm de profondeur, bien pourvus en trou de drainage, dans un terreau de rempotage mêlé de sable. Ne cultivez pas le fenouil trop près de l'aneth ni de la coriandre car la pollinisation croisée génère une perte de saveur chez les rejetons.

Les techniques de culture

- Repiquez de jeunes plants ou semez directement en extérieur, du milieu du printemps au début de l'été.
- Placez le pot dans un endroit ensoleillé.
- Arrosez régulièrement et paillez avec du compost de jardin pour éviter une montée en graines prématurée.
- Pour récolter des feuilles jeunes et fraîches, supprimez les fleurs et rabattez les tiges à 30 cm du sol en milieu d'été.
- Supprimez les tiges âgées quand le pied est flétri.

La santé des plantes

Contre les limaces, friandes des pousses, cachez des pièges à bière dans le pot (voir p. 32).

Récolte et conservation

Tout est comestible. Cueillez les feuilles, les jeunes tiges et les graines vertes et utilisez-les fraîches selon vos besoins. Les graines mûres peuvent être séchées et conservées. Les feuilles peuvent être congelées ainsi qu'infusées dans l'huile ou le vinaigre.

VARIÉTÉS 'Purpureum', 'Rubrum'.

Coriandre en passoire

La coriandre est d'une culture facile et rapide qui ne dure que quelques semaines. Semez donc un nouveau pot chaque mois pour en disposer tout l'été. Toute la plante est comestible et les graines délicieusement parfumées relèvent currys et plats mijotés. Une passoire recyclée est un contenant idéal pour les cultures qui apprécient un sol bien drainé.

Semez la coriandre à son emplacement définitif car elle pâtit d'un dérangement des racines lors du repiquage. Attendez la fin des gelées et utilisez un terreau de rempotage drainant. Un terreau universel est parfait pour une culture à court terme comme celle-ci. Placez le pot dans un endroit ombragé pendant une partie de la journée. Le plein soleil permanent la fait monter rapidement en graines, toutefois, elle a besoin de chaleur. Mieux vaut semer peu mais souvent pour ne pas perdre la récolte, car un sol sec la fait aussi monter en graines (voir p. 142). Continuez à semer jusqu'en fin d'été et récoltez sept à neuf semaines après les semis. Cueillez régulièrement pour encourager la production de jeunes feuilles, obtenir des plantes saines et compactes, et éviter la floraison. La coriandre ne supporte pas un terreau trop humide : arrosez le matin plutôt que le soir.

Ci-contre : la coriandre est une plante luxuriante qui confère son parfum unique et citronné aux plats asiatiques. Elle est aussi délicieuse dans les salades et les sandwichs.

Le semis de coriandre en passoire

Le matériel

■ feutre pour suspension ■ passoire en aluminium ou pot de 10 cm de profondeur ou plus avec un bon drainage ■ ciseaux ■ carré de plastique découpé dans un sac de terreau ■ terreau de rempotage universel ■ graines de coriandre.

1 Tapissez la passoire de feutre. Vous devrez peut-être le couper le long du bord et le replier vers l'intérieur pour l'ajuster. Posez un carré de plastique au centre pour retenir l'eau.

2 Emplissez la passoire de terreau et tassez délicatement avec les doigts jusqu'à ce que le niveau se situe à 5 cm sous le bord. Cet espace vide facilitera l'arrosage.

3 Répartissez les graines à intervalles réguliers sur le terreau. Puis enfoncez-les délicatement, juste au niveau de la surface du terreau.

4 Avec vos doigts, saupoudrez du terreau sur les graines. Arrosez copieusement et placez la passoire dans un endroit chaud du jardin, ombragé une partie de la journée. Maintenez le terreau humide en permanence.

5 Fertilisez régulièrement (voir p. 142). Cueillez souvent. Quand la coriandre monte en graines, arrachez-la ou laissez les graines se développer jusqu'à leur quasi-maturité, puis coupez l'inflorescence et suspendez-la dans un endroit chaud pour la sécher.

Aromatiques en jardinière

Les herbes aromatiques fraîches regorgent de saveurs, de vitamines et d'huiles essentielles. Elles sont chères dans le commerce mais faciles à cultiver chez soi. Une simple balconnière suffit. Ajoutez la gaieté de quelques pensées comestibles et vous obtiendrez une dimension colorée introuvable dans les boutiques. Installez la jardinière près de la cuisine pour cueillir des feuilles fraîches dès que vous en avez besoin.

Ces plantes peuvent être obtenues par semis, mais le persil est imprévisible et lent à germer (voir p. 153) et, comme le fenouil (voir p. 143), il ne supporte pas d'être transplanté. Achetez donc de jeunes plants en jardinerie quand le temps se réchauffe, en fin de printemps. Le persil étant bisannuel, renouvelez les plants tous les ans. Ils vous alimenteront quasiment à longueur d'année dans un lieu abrité. Le fenouil est une vivace aromatique gracieuse, cultivée pour ses feuilles, ses fleurs et ses graines à la chaude saveur anisée. Il doit souvent être tuteuré pour garder belle allure, et rempoté tous les ans. Les pensées, peu exigeantes, donnent des fleurs comestibles à la saveur de sous-bois. Elles prospèrent dans un sol meuble et riche.

Ci-contre : placez la jardinière dans un endroit chaud et abrité mais un peu ombragé pour éviter la montée en graines du persil. La chaleur favorise la production des huiles essentielles qui confèrent aux herbes leurs arômes uniques.

La plantation d'une jardinière d'aromatiques

Le matériel

- jardinière de 60 x 24 cm au moins, installée de façon stable sur un rebord de fenêtre ;
- matériau de drainage : tessons de terre cuite, billes d'argile ou gravier (voir p. 15) ;
- 2 parts de terreau pour balcon pour une part de sable ;
- 2 plants de persil (*Petroselinum crispum*), 2 plants de fenouil (*Foeniculum vulgare*) et 2 pensées (*Viola* x *wittrockiana*).

1 Le drainage est important : percez des trous au fond de la jardinière au besoin. Puis, tapissez le fond avec une couche généreuse de matériau de drainage.

2 Emplissez la jardinière de terreau jusqu'à la moitié. Installez-y les plantes, toujours dans leurs pots, selon une disposition qui vous séduit. Alterner les herbes puis intercaler les pensées est une bonne solution.

3 Retirez les plantes de leurs pots, une à une, en commençant par le grand fenouil. Démêlez les racines avec soin pour les aider à s'étaler et à s'établir rapidement. Puis, plantez le persil et terminez par les pensées entre les aromatiques.

4 Finissez d'emplir la jardinière de terreau. Arrosez bien, paillez et installez la jardinière sur le rebord de fenêtre. Arrosez et appliquez un engrais liquide universel toutes les semaines. Cueillez peu mais souvent pour encourager la croissance.

L'hysope est un choix idéal pour un pot sur un patio où vous jouirez de son parfum délicieux les jours chauds et ensoleillés.

Hysope

L'hysope (*Hyssopus officinalis*) étant difficile à se procurer, cultivez-la. Toute la plante est agréablement aromatique, notamment les chaudes soirées d'été. Ses fleurs vives, bleues, blanches ou roses, attirent papillons et abeilles.

Pot et substrat

Plantez dans un pot de 30 cm de diamètre ou plus, doté de nombreux trous de drainage, dans un terreau de rempotage additionné de sable.

Les techniques de culture

■ Semez directement dans un terreau chauffé par le soleil en fin de printemps ou achetez de jeunes plants.
■ Placez le pot au soleil, contre un mur orienté sud.
■ Rabattez la plante au printemps. Appliquez régulièrement un engrais à base de consoude à l'apparition des fleurs et supprimez les fleurs fanées pour prolonger la floraison.
■ L'hiver, protégez avec un voile d'hivernage, de la paille ou de la fougère si les températures tombent en dessous de – 5 °C.
■ Remplacez les pieds tous les quatre ans.

La santé des plantes

L'hysope est plutôt exempte de problèmes.

Récolte et conservation

Cueillez les feuilles à partir du haut pour encourager un port buissonnant. Utilisez-les fraîches, séchées ou infusées dans l'huile d'olive. Les fleurs, cueillies dès qu'elles s'ouvrent, sont délicieuses dans les salades ou les boissons.

VARIÉTÉS f. *albus*, ssp. *aristatus*, f. *roseus*.

Laurier-sauce

Les feuilles persistantes vert foncé du laurier-sauce (*Laurus nobilis*) sont un ingrédient essentiel du bouquet garni. Placez-le près de la cuisine, à portée de main.

Pot et substrat

Plantez dans un contenant de 30 cm de profondeur ou plus, empli d'un terreau pour balcon riche additionné de sable.

Les techniques de culture

■ Achetez de jeunes plants, car la germination des graines est aléatoire et la multiplication par bouturage délicate.
■ Plantez entre le milieu du printemps et le début d'automne dans un endroit abrité et lumineux. Arrosez bien.
■ Appliquez un engrais liquide toutes les deux semaines du milieu du printemps à la fin de l'été. Arrosez avec parcimonie, surtout en hiver. Surélever les pots sur des briques aide l'eau à s'écouler.
■ Si les températures tombent en dessous de 5 °C, posez un voile d'hivernage. Les plantes deviennent plus rustiques avec l'âge.
■ Rempotez tous les deux ans.

La santé des plantes

Une carence en nutriments, un terreau

Aux côtés de l'origan, du basilic et du thym, le laurier-sauce est l'un des parfums du bouquet garni qui relève les ragoûts, les sauces et les soupes.

Le laurier-sauce peut être conduit sur tige ou taillé au sécateur en forme de cône ou de pyramide.

détrempé ou le mauvais temps peuvent faire jaunir les feuilles. Les cochenilles provoquent une fumagine peu esthétique ; essuyez-la ou lavez avec un savon insecticide. Le psylle du laurier-sauce déforme et épaissit les feuilles ; rabattez les branches atteintes.

Récolte et conservation

Cueillez les feuilles toute l'année. Elles ont une saveur plus marquée fraîches que sèches. Elles sèchent bien et peuvent être confites dans le vinaigre.

VARIÉTÉS 'Aurea', f. *angustifolia*.

Menthe

La culture en pot est idéale pour la menthe (*Mentha*). Elle offre différents parfums, saveurs et formes de feuille, dont la plupart sont introuvables dans le commerce.

Pot et substrat

Plantez dans un pot de 15 cm de profondeur au moins, avec un terreau de rempotage riche mêlé de sable (voir p. 14).

Les techniques de culture

■ Partez de jeunes plants ou de boutures de racines prélevées sur des racines établies – déterrez un morceau de racine pendant la saison de végétation et coupez près d'un œil en vert. Plantez dans un pot de terreau de semis. Arrosez bien.

■ Placez le pot à mi-ombre, ou plus au soleil pour les types à feuillage coloré.

■ Ne plantez pas de menthes différentes à proximité car elles s'hybrident et leurs rejetons perdront en saveur.

■ Appliquez un engrais liquide régulièrement pendant la saison de végétation et ne laissez pas le terreau se dessécher. Supprimez régulièrement les fleurs fanées. Nettoyez les plantes en été.

■ Divisez les plantes tous les trois ans.

La santé des plantes

Détruisez la plante et ne réutilisez pas le pot en cas de taches brunes de rouille sur les feuilles.

Récolte et conservation

Cueillez des feuilles fraîches plutôt que de les faire sécher.

VARIÉTÉS *M.* x *gracilis* 'Variegata', *M.* x *smithiana*, *M. spicata*, *M. s. var. crispa* 'Moroccan', *M. s.* 'Tashkent', *M. suaveolens, M. s.* 'Variegata', *M.* x *villosa alopecuroides.*

M. suaveolens **'Variegata' (en haut, à gauche), à croissance lente, est idéal en pot. *M.* x *gracilis* 'Variegata' (ci-dessus, à gauche) rappelle le gingembre et *M. spicata* (ci-dessus, à droite) parfume sauces et gelées.**

Méli-mélo de menthe

La tendance envahissante de la menthe lui est souvent reprochée, mais la culture en pot constitue une bonne parade. Cette règle s'applique aussi à la culture de plusieurs menthes. Pour profiter de la diversité de leurs saveurs piquantes, plantez des menthes différentes (voir p. 149) dans des pots individuels regroupés dans un grand bac ou une jardinière. Les racines étant superficielles, un pot très profond ne s'impose pas.

Plantez la menthe au printemps dans un terreau de rempotage sablonneux léger, dans des pots regroupés dans une jardinière. Au préalable, rempotez les menthes en godet dans des pots plus grands où elles auront la place de s'étaler. Les racines sortiront bientôt par le fond du pot et s'enfonceront dans le terreau de la jardinière. Placez la jardinière à mi-ombre pour éviter que les feuilles ne se dessèchent. Fertilisez régulièrement (voir p. 149).

Il existe un risque d'hybridation entre les menthes regroupées si vous les laissez fleurir et monter en graines. Les plantes hybridées perdront en saveur et en parfum. Taillez et récoltez régulièrement les feuilles pour éviter ce problème. Les plantes resteront compactes et ne fleuriront pas.

Ci-contre : pour récolter, pincez les tiges près de l'extrémité en végétation ou coupez-les avec des ciseaux. Un pincement régulier évite une floraison indésirable.

La plantation d'un méli-mélo de menthe

Le matériel

- terreau de rempotage universel ;
- sable horticole ;
- contenant peu profond ou jardinière telle que ce modèle ;
- 3 ou 4 plants de variétés différentes de menthe (voir p. 149) : menthe à feuilles rondes (*Mentha suaveolens*), menthe panachée (*M. s.* 'Variegata'), menthe rouge (*M.* x *smithiana*) et menthe verte (*M. spicata* 'Tashkent') ;
- pots individuels ;
- gravier décoratif pour surfacer.

1 Mélangez le terreau de rempotage avec du sable (deux parts de terreau pour une part de sable). Rempotez les menthes dans des pots un peu plus grands que leurs pots d'origine. Arrosez copieusement.

2 Emplissez à moitié la jardinière, en laissant assez de place pour les menthes en pot et assez d'espace en haut pour faciliter l'arrosage.

3 Installez les pots de menthe sur le terreau de la jardinière. Vérifiez que le haut de tous les pots est horizontal et comblez les interstices avec du terreau, jusqu'à ce que le terreau de la jardinière arrive au niveau du terreau dans les pots. Arrosez copieusement.

4 Surfacez avec du gravier pour que le terreau conserve son humidité et que le collet des plantes soit isolé de l'humidité. Arrosez et fertilisez les plantes régulièrement pour stimuler la croissance.

Le basilic commun (en haut, à droite) est le plus utilisé pour le pesto et les sauces. Le basilic grec (ci-dessus, à gauche) a de petites feuilles fortement parfumées. Celles du basilic pourpre (ci-dessus, à droite) sont très épicées.

Basilic

Le basilic (*Ocimum basilicum*) que l'on cultive soi-même est infiniment plus savoureux, et s'avère aussi décoratif qu'utile dans le jardin (voir p. 27).

Pot et substrat

Semez directement en pot après les gelées, ou bien en godets ou en caissette alvéolée en intérieur, dans du terreau de rempotage universel mêlé de sable.

Les techniques de culture

■ Semez de la fin de l'hiver au début du printemps. Enfoncez délicatement les graines dans le terreau et ne couvrez pas. Arrosez bien.
■ Placez les pots sur un rebord de fenêtre chaud et ensoleillé, entre 20 et 25 °C, puis dans un endroit ensoleillé et abrité après la levée. En région fraîche, cultivez sous abri vitré ou en intérieur devant une fenêtre.
■ Le basilic ne supporte pas de baigner dans l'eau pendant la nuit. Arrosez exclusivement le matin.

La santé des plantes

Vaporisez d'eau ou de savon insecticide les plantes attaquées par les pucerons verts (voir p. 34) ou les aleurodes.

Récolte et conservation

Cueillez les jeunes feuilles régulièrement à partir des extrémités (voir p. 155). Conservez-les quelques jours au réfrigérateur ou congelez-les individuellement, préparez du pesto ou faites-les infuser dans l'huile ou le vinaigre. Agrémentez vos salades des fleurs aromatiques.

VARIÉTÉS 'Cinnamon', 'Horapha', 'Napoletano', 'Nufar', 'Purple Ruffles', 'Sweet Genovese'.

Origan

L'origan (*Origanum vulgare*) est cultivé pour ses feuilles à la saveur poivrée, plus intense que celle de sa cousine, la délicate marjolaine. Certaines variétés font de beaux sujets isolés dans un pot alors que les types rampants, à port bas, comme 'Nanum', sont parfaits en bordure de grands pots. Les belles fleurs aromatiques attirent les abeilles.

Pot et substrat

Plantez dans un pot de 30 cm de profondeur ou plus, garni de terreau pour balcon ou de compost, mêlé de sable.

Les techniques de culture

■ Multipliez à partir de boutures de jeunes pousses au printemps ou achetez de jeunes plants. Les semis lèvent difficilement.
■ Plantez au soleil. Arrosez bien après la plantation, puis régulièrement par temps sec.
■ Taillez après la floraison pour éviter une croissance désordonnée.
■ En hiver, rabattez à 6 cm du sol avant le dépérissement des plantes. Appliquez un paillis de gravier pour protéger les collets de l'humidité hivernale et posez un voile d'hivernage.

La santé des plantes

Il est plutôt exempt de problèmes.

Les feuilles d'origan peuvent être cueillies longtemps après le flétrissement en hiver et dégustées fraîches, séchées ou congelées.

Récolte et conservation

Cueillez des bouquets de feuilles juste avant l'épanouissement des fleurs et faites-les sécher dans un lieu chaud, sec et aéré. Les feuilles aromatisent l'huile ou le vinaigre.

VARIÉTÉS 'Aureum', 'Compactum', 'Nanum'.

Persil

Le persil (*Petroselinum crispum*), l'une des herbes culinaires les plus utilisées, est indispensable dans des jardinières ou des pots proches de la cuisine. Il est généralement cultivé en annuelle car il monte en graines la seconde année et perd toute utilité comme herbe aromatique. Choisissez parmi les multiples variétés à feuillage plat ou frisé.

Pot et substrat

Prenez un pot de 20 cm de profondeur ou plus, voire une suspension. Oubliez les « pots à persil » vendus en jardinerie, peu pratiques pour l'arrosage et trop petits pour les grosses racines pivotantes. Ajoutez du compost de jardin ou autre matière organique au terreau de rempotage.

Le persil frisé a une saveur plus douce que le persil plat. Pour bénéficier de tous ses arômes, ajoutez le persil juste avant la fin de la cuisson.

Les techniques de culture

- Semez en extérieur en fin de printemps ; couvrez à peine les graines de terreau. La germination est lente et aléatoire. Un milieu chaud, un terreau humide ainsi qu'une cloche sont utiles.
- Le persil apprécie une ombre humide, mais pas le sec.
- Pincez les ombelles des fleurs pour encourager la croissance des feuilles pendant la saison de végétation.
- Couvrez d'une cloche en automne pour ralentir le dépérissement hivernal.

La santé des plantes

Protégez les jeunes plants des limaces grâce à du gravier ou des coquilles d'œufs écrasées (voir p. 32).

Récolte et conservation

Cueillez les feuilles au fur et à mesure de vos besoins. Elles peuvent également être congelées dans des sacs en plastique fermés, ou hachées et congelées dans de l'eau dans des bacs à glaçons.

VARIÉTÉS frisé : 'Champion Moss Curled' ; plat : 'Géant d'Italie'.

Un parfum d'Italie

La cuisine italienne emploie des ingrédients de haute qualité et des saveurs typiques. Où trouver les meilleurs sinon dans vos cultures ? Ce pot très décoratif en résine imitation plomb contient les ingrédients méditerranéens classiques (poivrons, roquette et basilic), qui introduiront un parfum d'Italie dans votre jardin et dans votre assiette.

À moins de semer très tôt au printemps, mieux vaut acheter de jeunes plants de poivron car ils demandent un été long et chaud pour pousser, fleurir et mûrir (voir p. 83). Les graines de basilic peuvent être semées à partir du printemps et le calendrier est bien moins crucial. Mais si vous manquez de temps ou d'espace, achetez de jeunes plants à repiquer (voir p. 152). Semez la roquette en une ou plusieurs fois. Elle monte en graines très rapidement si les conditions ne sont pas parfaites (voir p. 135). En semant toutes les deux semaines, les récoltes s'enchaîneront.

Plantez cette potée méditerranéenne quand les gelées sont passées. Semez la roquette dans les espaces restants entre les poivrons et le basilic. Le pot doit être en situation ensoleillée pour une bonne maturation des fruits. Pincez les pousses de basilic pour encourager un port buissonnant et la production de nouvelles feuilles. Vous éviterez également une montée en graines prématurée. Distribuez aux poivrons un engrais liquide pour tomates toutes les semaines à partir de l'apparition des fleurs.

Ci-dessus : la plupart des poivrons mûrissent du vert au rouge. Cueillez-les au stade qui vous convient. Récoltez les premiers poivrons encore verts pour stimuler la fructification, puis laissez les suivants mûrir sur la plante.

Ci-contre : cueillez régulièrement les jeunes feuilles de roquette, comme une salade à couper. Ou attendez pour cueillir les plantes entières et ressemez.

La plantation d'une potée italienne

Le matériel

- pot imitation plomb de 60 cm de diamètre ou plus ;
- matériau de drainage ;
- terreau de rempotage universel ;
- 2 plants de poivron ;
- 6 à 8 plants de basilic ;
- semence de roquette ;
- sable horticole pour semer.

1 Tapissez le fond du pot de matériau de drainage et emplissez de terreau de rempotage presque jusqu'en haut. Tassez bien le terreau avec vos doigts.

2 Disposez les jeunes plantes, dans leurs pots : les poivrons au centre et les plants de basilic sur le pourtour. Veillez à bien espacer les plantes et à laisser des intervalles pour semer la roquette. Quand vous êtes satisfait, plantez et arrosez les poivrons et le basilic.

3 Les graines de roquette sont minuscules. Il vous sera plus facile de vérifier que vous semez régulièrement si vous les mélangez avec du sable.

4 Éparpillez le mélange de sable et de graines sur la surface du terreau, puis couvrez d'une très fine couche de terreau. Arrosez copieusement plantes et graines. Ensuite, arrosez et fertilisez régulièrement.

5 Pincez les jeunes pousses du basilic puis cueillez régulièrement des feuilles pour le faire buissonner. Récoltez le basilic (voir p. 152), la roquette (voir p. 135) et les poivrons (voir p. 83) selon vos besoins.

Romarin

Le romarin (*Rosmarinus officinalis*) est l'une des aromatiques les plus précieuses dont le parfum prononcé se marie avec quasiment tous les plats. Il sera la vedette d'une potée d'herbes mélangées et ses fleurs bleu pâle, parfois blanches ou roses, attirent les abeilles.

Pot et substrat

Plantez dans un grand pot de 20 cm de profondeur ou plus, empli de terreau de rempotage sablonneux.

Les techniques de culture

- Le bouturage est plus fiable que le semis. Au printemps, plantez des boutures de jeunes pousses dans du terreau de semis, ou achetez de jeunes plants. Arrosez bien.
- Le romarin prospère au soleil et à l'abri, mais supporte un peu d'ombre. Les jeunes plantes redoutent les températures basses.
- Pincez régulièrement pour faire buissonner.
- Fertilisez et taillez après la floraison. Le romarin ne repart pas du bois nu ; ne rabattez pas trop sévèrement. Ne taillez pas en automne quand il est vulnérable au froid.
- Remplacez les plantes en pot tous les cinq ans.

La santé des plantes

La chrysomèle du romarin et ses larves dévorent les feuilles. Agitez les plantes pour faire tomber les insectes sur un papier posé à leur pied, puis jetez papier et insectes (voir p. 35). Les cicadelles marbrent les feuilles, un problème surtout esthétique, comme le crachat de coucou.

Les feuilles persistantes du romarin se cueillent toute l'année pour relever nombre de plats, ragoûts et viandes rôties, liqueurs et huiles.

Récolte et conservation

Les feuilles se cueillent toute l'année mais sont un peu plus coriaces en hiver. Elles sèchent bien et se congèlent ou infusez-les dans l'huile ou le vinaigre.

VARIÉTÉS 'Albiflorus', 'Majorca Pink', 'Miss Jessop's Upright', 'Prostratus'.

Sauge

La sauge (*Salvia officinalis*) appartient à une grande famille d'annuelles, vivaces et bisannuelles, toutes très parfumées, aux feuilles parfois colorées et aux grappes de fleurs vives.

Pot et substrat

Plantez dans un grand pot de 20 cm de profondeur ou plus, doté de nombreux trous de drainage. Mêlez beaucoup de sable au terreau.

Les techniques de culture

- Pour une récolte rapide, achetez de jeunes plants. Sinon, semez au printemps, sachant que la sauge germe très lentement.
- La sauge prospère dans un lieu chaud, ensoleillé et abrité, mais supporte un peu d'ombre.
- Taillez régulièrement pour éviter la lignification et conserver un port buissonnant. Rabattez au printemps.
- Sous climat frais, en hiver, protégez *S. elegans*, au parfum fruité, car il est moins rustique.
- La sauge ne dure que quelques années, surtout en pot. Pour remplacer les pieds âgés, prélevez des boutures d'extrémités de jeunes pousses tendres.

La santé des plantes

La chrysomèle du romarin et ses larves se nourrissent des feuilles et des fleurs. Ramassez-les à la main ou secouez-les sur un papier et jetez le tout (voir p. 35). Les cicadelles provoquent de fines

Cueillez ou taillez régulièrement les feuilles tendres bleu-vert de la sauge officinale pour qu'elle conserve un port compact.

marbrures jaunes sur les feuilles mais le problème ne devrait être qu'esthétique.

Récolte et conservation
Cueillez les feuilles persistantes tout au long de l'année pour parfumer la viande, notamment le porc, ainsi que la courge musquée. Préférez les feuilles fraîches car elles sèchent mal. Dosez avec parcimonie les feuilles séchées, à la saveur très forte. Supprimez les fleurs en formation.

VARIÉTÉS 'Purpurascens', 'Tricolor' ; *S. lavandulifolia*.

Thym

Rien n'est plus simple à cultiver que le thym (*Thymus*), parfumé et à port bas. Après la plantation, on pourrait presque l'ignorer. Les plus jolies variétés, à feuilles panachées ou colorées, sont magnifiques dans une potée d'aromatiques, notamment en bordure ou pour combler des vides. Les abeilles en quête de pollen sont friandes de leurs fleurs charmantes.

Pot et substrat
N'importe quel contenant, pot, suspension ou jardinière de 15 cm de profondeur au moins fait l'affaire. Emplissez-le de terreau de rempotage bien drainant.

Les techniques de culture
- Achetez de jeunes plants ou divisez des plantes établies et plantez les touffes enracinées.
- Plantez dans un endroit chaud et ensoleillé, puis arrosez. Par la suite, n'arrosez qu'en cas de sécheresse prolongée.
- Cueillez les feuilles régulièrement pour entretenir la silhouette.
- Appliquez un paillis de gravier tous les ans pour protéger le collet de l'humidité.
- L'hiver, couvrez les variétés frileuses d'un voile contre les vents froids, le gel et l'humidité, ou rentrez les pots.

La santé des plantes
Généralement exempt de problèmes.

Récolte et conservation
Cueillez le thym toute l'année, sans excès. Il peut être séché, congelé ou infusé dans le vinaigre et l'huile. Les feuilles parfument les ragoûts, les sauces et les marinades.

VARIÉTÉS *T. citriodorus*, *T. pulegioides*, *T.* 'Silver Queen'.

La gamme des thyms est très variée et tous conviennent à la culture en pot, soit en vedette centrale soit en bordure colorée.

Un bain de plantes

Une potée d'aromatiques diverses, explosant de parfums et de feuillages divers, est un élément de décor aussi utile que séduisant, surtout dans un contenant tel que cette bassine en étain ancienne aux tons doux. Vous profiterez des feuilles fraîches au gré de vos envies – dans des salades, en infusion, même dans votre bain – pour une fraction du prix des petits sachets proposés dans le commerce.

La plupart des aromatiques vivaces prospèrent dans un lieu ensoleillé et un terreau bien drainé. Mélangez celui-ci avec une bonne quantité de sable horticole avant de planter. Appliquez régulièrement un engrais liquide universel, mais sans excès car les feuilles trop luxuriantes perdent en saveur. Taillez au printemps pour stimuler la repousse des feuilles et cueillez régulièrement pour entretenir la silhouette. Ne cueillez jamais plus d'un tiers des feuilles à la fois pour ne pas nuire à la croissance. Supprimez les fleurs fanées pour concentrer l'énergie de la plante sur la production de feuilles, à moins que vous ne vouliez en agrémenter vos salades.

Bien que ces plantes soient toutes rustiques, placez le pot à l'abri d'un mur chaud en hiver en région fraîche et enveloppez-le de film à bulles. Vérifiez que l'eau soit bien drainée car l'humidité est fatale, surtout par temps froid. Fertilisez et arrosez régulièrement. Rempotez ces plantes tous les trois ou quatre ans, avant qu'elles ne soient épuisées.

Ci-dessus : placez la bassine dans un endroit ensoleillé et abrité des vents froids. Surveillez l'arrosage par temps très chaud.

Ci-contre : cueillez les feuilles à partir des extrémités des pousses pour entretenir la silhouette des plantes.

La plantation d'une bassine d'aromatiques

Le matériel

■ bassine en étain ■ perceuse ■ ruban adhésif toilé ■ film à bulles ■ sable et gravier ■ terreau pour balcon ■ sauge, ciboulette, thym, romarin, origan… (voir p. 140-157).

1 Percez des trous au fond de la bassine à travers le ruban adhésif (il empêchera la perceuse de déraper). Tapissez la paroi de film à bulles pour isoler du froid ou de la chaleur. Ajoutez une couche de gravier pour le drainage.

2 Emplissez la bassine aux deux tiers environ d'un mélange à parts égales de terreau de rempotage et de sable pour améliorer le drainage.

3 Disposez les plantes, toujours dans leurs pots, dans la bassine afin de trouver la composition la plus esthétique.

4 Retirez les plantes de leurs pots et replantez-les. Ajoutez du terreau jusqu'à ce qu'elles soient bien stables. Arrosez copieusement.

5 Surfacez avec du gravier pour isoler les collets de l'humidité du terreau. Taillez les plantes régulièrement pendant la croissance pour conserver un aspect propre et net.

Les fleurs comestibles

Laissez fleurir dans le jardin quelques plants de bourrache ressemés spontanément pour attirer les pollinisateurs.

Attention : certaines personnes sont allergiques à certains composants rares des plantes. La prudence est de mise à la première dégustation de plantes ou fleurs originales. La première fois, goûtez seulement un petit morceau, sans avaler, et soyez accompagné. Attendez au moins une heure avant de tester à nouveau, par petites quantités, et goûtez bien avant d'avaler. Si la saveur est amère, trop épicée, étrange ou désagréable, n'avalez pas – recrachez. Un gonflement ou une autre réaction dans la bouche ou sur les lèvres à la première tentative est un signe de toxicité possible.

Bourrache

Les fleurs bleu vif de la bourrache (*Borago officinalis*) ont une saveur fraîche de concombre qui rehausse les boissons et les salades. Les insectes pollinisateurs les apprécient (voir p. 24). Cultivez la bourrache dans un demi-tonneau, associée à des soucis (voir ci-après) et des bleuets (voir ci-contre), ou isolée, dans un pot de 20 cm de profondeur au moins. Elle se ressème spontanément.

Les fleurs de souci peuvent être séchées au four et conservées en bocaux pour une dégustation bien au-delà de l'été.

Pot et substrat

Semez au printemps ou en été, au soleil. La bourrache germant vite, vous pourrez cueillir au bout de cinq semaines. Poursuivez la cueillette pour encourager la production de fleurs.

Récolte et conservation

Cueillez les fleurs à leur apogée, le matin, et consommez-les fraîches, séchées ou congelées.

Souci

Les pétales de souci (*Calendula officinalis*) apportent une note de gaieté orange vif et une saveur poivrée aux salades, au riz ou aux soupes.

Pot et substrat

Facile à cultiver, le souci se resème spontanément. Il prospère en pot (voir p. 164) ou en balconnière et est peu exigeant sur le terreau ou la situation, mais fleurit mieux au soleil. Semez au printemps et protégez les plantules des limaces. Pincez les extrémités pour garder des plantes compactes. Cueillez régulièrement les fleurs pour qu'elles se renouvellent. Éliminez les pucerons noirs au savon insecticide.

Le charmant bleuet annuel peut être semé en automne pour une floraison plus précoce.

Les beaux capitules des tournesols suivent la course du soleil tout au long de la journée.

Récolte et conservation

Cueillez les fleurs dès qu'elles s'épanouissent et consommez-les fraîches ou séchées.

Bleuet

Curieusement, les fleurs bleu électrique du bleuet (*Centaurea cyanus*) sont peu parfumées, mais offrent une douce saveur de girofle.

Pot et substrat

En situation ensoleillée, semez en automne ou en fin de printemps dans de grands pots emplis de terreau pour balcon mêlé de sable. La germination peut demander trois semaines. Maintenez le terreau humide jusqu'à l'établissement des plantes, puis ralentissez le rythme d'arrosage. Entourez les hautes tiges raides d'un fil discret pour leur éviter de s'affaisser. Supprimer les fleurs fanées prolonge la floraison. Les fleurs attirent papillons et abeilles, notamment 'Dwarf Blue Midget'.

Récolte et conservation

Cueillez les fleurs avant leur épanouissement complet et consommez-les fraîches. Ou bien faites-les sécher promptement après la cueillette, suspendues dans un endroit sombre et aéré.

Tournesol

Toutes les parties florales de ces plantes de couleur éclatante sont comestibles. Les pétales de tournesol (*Helianthus annuus*) ont un léger goût de noisette et les tendres bourgeons verts se dégustent comme des cœurs d'artichaut.

Pot et substrat

Semez en extérieur à partir du milieu du printemps dans du terreau de rempotage mêlé de sable. Choisissez un endroit chaud et ensoleillé. Couvrez les pots d'un filet et protégez les jeunes plantes de la voracité des limaces et des escargots (voir p. 32). Tuteurez les grandes variétés.

Récolte et conservation

Cueillez les bourgeons avant leur éclosion. Ne dégustez que les pétales des fleurs fraîchement écloses (voir p. 165). Pour récolter les graines, laissez jaunir le disque à l'arrière du capitule, puis coupez-le et mettez-le dans un sac en papier. Laissez-le sécher et brunir. Puis mangez les graines ou faites-les griller et conservez-les dans un bocal hermétique. Autrement, laissez les graines de tournesol mûrir sur la plante : les petits animaux en raffolent.

Tonneau fleuri

Les fleurs comestibles comme le souci (*Calendula*) et la capucine (*Tropaeolum*) ajoutent une touche flamboyante aux salades et autres plats, et sont éblouissantes dans un grand pot. Elles sont toutes faciles à cultiver et attirent les pollinisateurs ainsi que d'autres insectes utiles comme les coccinelles, les chrysopes et les syrphes. Les soucis et les capucines écartent les pucerons des haricots ; placez donc ce pot parmi vos autres cultures. Le demi-tonneau en bois confère un style rustique à cette potée.

Semez vos fleurs annuelles – soucis (voir p. 162), tournesols (voir p. 163) et capucines (voir p. 167) – tôt au printemps et placez-les sur un rebord de fenêtre chaud. Vous pouvez aussi acheter de jeunes plants. La lavande (*Lavandula*, voir p. 166) reste rarement conforme au type à partir de semis. Il est plus facile d'acheter des plantes à repiquer quand les annuelles sont prêtes pour leur pot définitif. La lavande vraie (*L. angustifolia* ou *L.* x *intermedia*) supporte mieux un terreau humide en hiver sous climat froid que d'autres comme la lavande papillon (*L. stoechas*) qui demande un terreau additionné de beaucoup de sable pour un bon drainage. Les variétés à fleurs violet foncé forment une association superbe avec les annuelles aux teintes vives.

Placez le tonneau dans un lieu ensoleillé. La luminosité et la chaleur garantissent une belle floraison et favorisent l'élaboration des huiles essentielles qui font le délicieux parfum de la lavande. Toutes ces plantes apprécient un sol bien drainé : ajoutez une bonne couche de tessons au fond du tonneau avant de planter. Tuteurez les tournesols au besoin et pincez les pousses des capucines pour les fortifier et les faire buissonner. Quand les annuelles sont toutes flétries, rabattez les épis de lavande. Taillez-la tous les ans en début de printemps.

On a du mal à croire que cette potée est composée de fleurs comestibles, mais toutes égaieront une salade ou donneront une nouvelle dimension à une multitude de recettes.

La plantation d'un tonneau fleuri

Le matériel

- graines de souci, capucine et tournesol, ou jeunes plants ;
- godets ;
- demi-tonneau ;
- matériau de drainage ;
- terreau pour balcon ;
- 2 lavandes vraies, comme *Lavandula angustifolia* 'Munstead'.

1 Semez les capucines et les soucis dans des godets, posés sur un rebord de fenêtre. Maintenez le terreau humide. Éclaircissez à l'apparition des vraies feuilles. Repiquez et sortez les plantes quand elles sont assez grandes. Semez les tournesols dans trois pots et traitez-les de même.

2 Tapissez le fond du demi-tonneau de matériau de drainage et emplissez-le aux deux tiers de terreau, en laissant assez d'espace pour planter et arroser. Plantez trois tournesols au centre, puis les capucines sur les bords afin qu'elles puissent retomber à l'extérieur.

3 Plantez les lavandes et comblez les espaces avec des soucis. Tassez autour des racines. Arrosez bien, puis régulièrement tout au long de l'été afin d'éviter tout dessèchement. Appliquez un engrais liquide pour tomates toutes les deux semaines.

4 Cueillez régulièrement les feuilles et fleurs de capucine, et les pétales de tournesol quand les fleurs éclosent. Cueillez les soucis et la lavande au moment opportun. Supprimez les fleurs fanées pour encourager leur renouvellement.

5 Ajoutez une pointe de couleur et de piquant à une salade avec quelques feuilles et fleurs de capucine fraîchement cueillies. Elles ont une saveur poivrée proche de celle du cresson et relèvent tous les repas d'été.

Les variétés naines et touffues d'hémérocalle sont parfaitement adaptées à la culture en pot.

La lavande papillon (*Lavandula stoechas*) exige un terreau bien drainé, qui constitue sa meilleure protection en hiver.

Hémérocalle

Les hémérocalles (*Hemerocallis*) produisent nombre de fleurs éphémères. Une cueillette régulière assure une floraison constante tout l'été.

Pot et substrat

Toutes les parties de l'hémérocalle, aliment populaire en Chine, sont comestibles : les petits bourgeons se consomment comme des haricots, les fleurs sur le point d'éclore sont délicieuses en beignets et les pétales colorent les salades et les soupes. Ces vivaces résistantes sont faciles à cultiver dans un grand bac de 20 cm de profondeur ou plus. Un terreau pour balcon assurera la stabilité de ces plantes hautes. Sinon choisissez des variétés naines comme 'Cranberry Baby'. Plantez au printemps ou en automne, en plein soleil, bien que les fleurs de couleur foncée préfèrent un peu d'ombre. Maintenez le terreau humide.

Récolte et conservation

Rabattez totalement en fin d'automne et divisez les pieds tous les trois ans pour éviter le surnombre et le tassement des racines.

Lavande

La lavande (*Lavandula*), aux vertus relaxantes séculaires, se déguste dans les biscuits, le pain ou en infusion. Ses centaines de variétés sont très décoratives dans des pots en terre cuite de 20 cm de profondeur ou plus.

Pot et substrat

Pour profiter de son parfum, placez-la au soleil (voir p. 164), bien qu'elle supporte un peu d'ombre. Plantez au printemps ou en automne, dans un terreau léger et bien drainé, puis arrosez. Ne laissez pas d'eau stagner au pied, notamment la nuit. L'hiver, maintenez le terreau presque sec et protégez les plantes. Taillez ras au printemps, sans couper dans le vieux bois. Supprimez les fleurs fanées. Surveillez la chrysomèle du romarin et ses larves qui se nourrissent des feuilles ; secouez-les au-dessus d'un papier et détruisez le tout.

Récolte et conservation

Cueillez les fleurs quand elles éclosent et utilisez-les fraîches ou suspendez-les en bouquet pour les faire sécher.

La capucine est proche de la perfection dans tous les domaines : elle est belle, comestible et utile aux plantes voisines.

Capucine

Les fleurs, les feuilles et même les gousses de capucine (*Tropaeolum*) sont appréciées pour leur saveur douce et poivrée. Elles sont délicieuses dans les salades ou en beignets et chaque partie de la capucine est aussi délicate que jolie.

Pot et substrat

Les capucines prospèrent en pots, suspensions ou jardinières, emplis de terreau de rempotage additionné d'une bonne quantité de sable. Semez dès que les températures se réchauffent au printemps (voir p. 165) et arrosez régulièrement. La plupart des variétés grimpent si on leur fournit un support ou débordent du pot. Ce sont des plantes compagnes utiles (voir p. 27) qui écartent les pucerons noirs des fèves et des choux et attirent les syrphes qui attaquent les pucerons.

Récolte et conservation

Les fleurs se consomment uniquement fraîches, cueillies juste avant la dégustation. Récoltez les gousses quand elles sont encore vertes. Prélevez des feuilles selon vos besoins pour relever une salade.

Supprimez les fleurs fanées et pincez les violettes régulièrement pour éviter que les plantes ne s'étiolent.

Violette

La violette odorante (*Viola odorata*) est d'une douceur piquante alors que d'autres types, comme la pensée sauvage (*V. tricolor*), ont un petit goût de laitue ou de petit pois. Ajoutez les fleurs à vos salades, desserts ou tisanes. Les violettes sont en fleur une grande partie de l'année et il n'y a pas de culture plus facile ni plus gratifiante.

Pot et substrat

Achetez de jeunes plants, proposés à partir de l'automne. Ou bien semez au printemps : enfoncez simplement les graines dans le terreau de rempotage. Laissez les graines à découvert pendant la germination. Accommodantes, les violettes poussent à peu près n'importe où, en plein soleil, en pot, suspension ou balconnière de 10 cm de profondeur ou plus. Supprimez régulièrement les fleurs fanées pour prolonger la floraison.

Récolte et conservation

Récoltez les feuilles du printemps au début de l'hiver et consommez-les fraîches ou sèches, ou bien confites pour un plaisir ultérieur.

Un joli début de printemps

Il arrive qu'on ne supporte pas d'attendre car rien n'est plus excitant que la première récolte de l'année. Ce simple pot contient une sélection de cultures qui peuvent toutes être semées et récoltées en quelques semaines au printemps.

Les cultures rapides, qui sont aussi des cultures intercalaires utiles (voir p. 16), méritent leur propre balconnière. Faites lever les graines en milieu de printemps dans un terreau léger, bien drainant, en situation chaude et ensoleillée. Inutile de fertiliser ces premières cultures car la croissance est de courte durée et le terreau offre assez de nutriments pour ces quelques semaines. Arrosez et désherbez avec soin, notamment par temps chaud, car les épinards et les laitues auront du mal à germer et monteront en graines en un clin d'œil par forte chaleur. Déplacez le contenant dans un endroit frais si jamais les températures montent vraiment et récoltez les feuilles, les radis et les oignons nouveaux tout jeunes. Cueillez et supprimez régulièrement les violettes fanées.

Toutes ces cultures seront faciles à semer successivement pendant la saison de végétation pour un approvisionnement continu. Si vous passez à des récoltes plus rustiques dans le courant de l'été, ce contenant devrait vous alimenter jusqu'à l'année suivante. Si vous prolongez les cultures, enfouissez un peu d'engrais à libération lente quand vous ressemez. Si les violettes s'épuisent, remplacez-les.

Ci-dessus : cette jolie potée toute simple vous fournira des violettes comestibles pour des salades fraîches toute l'année, si vous les cueillez assez souvent.

Ci-contre : récoltez au fil de la maturation des plantes. Déterrez les oignons nouveaux et les radis avant qu'ils ne soient trop gros et récoltez les feuilles d'épinards et de laitues à couper selon vos besoins.

La plantation d'une potée printanière

Le matériel

- auge ou balconnière de 45 cm de long au moins ;
- matériau de drainage ;
- terreau de rempotage universel ;
- 3 plants de violette ;
- sable ;
- semences de laitue, d'épinard, d'oignon nouveau et de radis.

1 Tapissez le fond de l'auge de matériau de drainage et emplissez-la aux trois quarts de terreau. Espacez régulièrement les plants de violette sur le terreau, puis plantez-les et ajoutez du terreau. Arrosez copieusement.

2 Délimitez l'emplacement des légumes avec du sable sur la surface du terreau. Si la disposition ne vous plaît pas, éparpillez le sable avec les doigts et recommencez.

3 Quand la disposition vous satisfait, semez les graines de légumes dans le sable Puis ramenez le terreau sur les graines, jusqu'à la profondeur de semis recommandée sur les emballages. Arrosez copieusement.

4 La plupart des plantules lèvent en une semaine environ. Quand elles sont de taille à être manipulées, éclaircissez-les avec précaution pour leur donner l'espace nécessaire. Éliminez les mauvaises herbes qui seraient en concurrence pour l'eau et les nutriments.

5 Arrosez régulièrement. Les radis risquent de se fendre si leur croissance n'est pas régulière et les épinards montent en graines si le milieu est trop sec. Récoltez les radis jeunes et croquants, ainsi que les autres légumes selon vos besoins.

Glossaire

Annuelle Plante qui accomplit son cycle végétatif complet (germination, floraison et mort) en l'espace d'une année.

À racines nues Se dit d'une plante dont les racines ne sont pas entourées de terre, ou très peu.

Arbre Plante ligneuse caractérisée par une tige principale, ou tronc.

Arbuste Plante à tiges ligneuses partant du pied, ou presque, sans tronc central.

Bisannuelle Se dit d'une plante qui accomplit son cycle végétatif complet en deux ans.

Brumisation Vaporisation d'une fine brume sur les plantes pour augmenter l'humidité de l'air environnant. Souvent utilisée pour lutter contre les ravageurs comme l'araignée rouge.

Compost de jardin Matériau organique composé de matériau végétal flétri ou défleuri, mélangé avec du papier, du carton et des déchets de cuisine. Sa décomposition fournit un compost riche en humus. Il est généralement utilisé comme amendement ou paillis.

Conforme au type Se dit d'une plante qui produit un rejeton identique par autopollinisation. Les espèces sont conformes au type à partir de semis, contrairement aux hybrides F1.

Cordon Arbre ou arbuste formé sur une seule tige et souvent palissé contre un mur à l'aide de fils métalliques.

Cultivar Contraction de *cultivated variety*. Plante issue de la culture et non d'un processus spontané dans la nature. On utilise couramment le terme variété au lieu de cultivar.

Culture dérobée Plantes à croissance rapide semées et cultivées dans l'intervalle entre la récolte d'une culture de pleine saison et le semis ou la plantation d'une autre.

Culture intercalaire Plantes à croissance rapide comme le radis qui sont semées entre les rangs d'autres cultures à croissance plus lente comme le panais. La culture intercalaire permet une exploitation optimale de l'espace. Elle est récoltée avant la maturation complète de la culture plus lente.

Dard Rameau très court apte à porter des fruits, caractéristique des arbres fruitiers à pépins. Il se forme en deux ans.

Demi-tonneau Contenant recyclé fait d'un tonneau en bois coupé en deux.

Dépérissement Mort d'une tige ou d'une autre partie de la plante après une blessure ou une infection localisée. Il se traduit souvent par des taches décolorées sur la tige ainsi que par un flétrissement des feuilles et exige une taille pour éviter la propagation des symptômes.

Éricacées (de *Erica*, nom botanique de la bruyère) Se dit des plantes calcifuges qui exigent un sol ou un terreau acide (avec un pH de 6,5 ou moins) à base de tourbe, les myrtilles par exemple.

Espalier Arbre ou arbuste à tronc vertical et tiges horizontales, souvent guidé contre un mur.

Espèce Dans la classification des végétaux, groupe de plantes étroitement apparentées classé entre le genre et la variété. Ces plantes restent conformes au type à partir de semis.

Éventail Arbre ou arbuste guidé de façon que les branches rayonnent sur un seul plan à partir d'une courte tige unique.

Fumier Matière organique bien décomposée, généralement d'origine animale, ajoutée au sol ou au compost de jardin pour l'enrichir.

Genre Dans la classification des végétaux, groupe de plantes étroitement apparentées classé entre la famille et l'espèce.

Greffon Tige ou œil prélevé sur une plante et greffé sur le porte-greffe ; partie supérieure de la plante greffée.

Mélange sans terre Terreau de rempotage, généralement à base de tourbe au lieu de terre, mais parfois à base de fibre de coco ou d'écorce. Il contient des quantités variables de nutriments selon l'emploi : par exemple, les graines demandent moins de nutriments que les cultures à long terme. Il est excellent dans les petits pots, balconnières et paniers suspendus en raison de sa légèreté.

Montée en graines Production de graines prématurée, souvent après une floraison rapide. Elle est généralement provoquée par un temps très chaud, sec ou subitement froid.

Paillis Matériau, organique ou non, appliqué en couche sur le sol pour conserver l'humidité, étouffer les mauvaises herbes, écarter les ravageurs, éviter le compactage du sol et isoler les racines des plantes du froid.

Plantoir Outil utilisé pour faire un petit trou dans lequel sera plantée une bouture, une plantule ou une petite plante.

Pleine saison (légumes de –) Cultivars qui produisent des récoltes pendant la pleine saison de végétation. Les pommes de terre de pleine saison sont généralement récoltées à partir du milieu de l'été. Elles sont généralement plus longues à mûrir que les variétés hâtives et les tubercules plus gros demandent plus d'espace. Elles se conservent bien, contrairement aux autres types de pommes de terre.

Pollinisation croisée Transfert du pollen depuis les étamines d'une fleur vers le stigmate d'une fleur sur une autre plante.

Porte-greffe Partie inférieure d'une plante greffée qui détermine la taille de la plante. Elle porte le greffon.

Racine pivotante Longue racine principale de certaines plantes, qui pousse verticalement vers le bas, par exemple chez le panais ou la coriandre.

Rempotage Transplantation d'une plante cultivée en pot dans un pot plus grand pour lui fournir plus d'espace, ou dans un pot de même taille après avoir légèrement taillé la motte de racines pour ajouter du terreau de rempotage frais.

Repiquer Déplacer une plantule ou une jeune plante d'un lieu à un autre ; par exemple, une plantule d'un petit pot à un pot plus grand ou dans le jardin.

Sac de culture Sac en plastique commercialisé ; il est empli de terreau de rempotage enrichi en nutriments et évite la plantation en pot ou en pleine terre.

Sillon Tranchée peu profonde creusée dans le sol ou le terreau pour y semer des graines.

Suppression des fleurs fanées Cette opération vise à empêcher leur montée en graines. Elle permet de nettoyer la plante et d'encourager la poursuite de la floraison.

Surfacer Appliquer une couche de terreau de rempotage frais en surface pour reconstituer la réserve de nutriments, après avoir retiré la couche superficielle du terreau. Le surfaçage fait aussi référence à l'application d'un paillis décoratif sur le terreau autour de la plante.

Terreau de rempotage Support de culture. Il en existe différents types : universel, pour balcon, à base de tourbe (voir *Éricacées*) et mélange sans terre. Tous ont une composition différente selon le type de plantes auquel ils sont destinés.

Terreau pour balcon Terreau de rempotage composé d'un mélange de terre franche, de tourbe et de sable, additionné de nutriments. Il est idéal dans les grands pots car il est lourd et stable, et adapté aux plantes gourmandes car il conserve bien l'humidité. Il est souvent préférable pour les cultures à long terme.

Terreau universel Terreau de rempotage composé de tourbe, de terre franche, de sable et d'écorce, additionné de chaux et d'engrais, adapté aux semis et à la culture d'une large gamme de plantes. Il existe aussi des terreaux universels sans tourbe.

Tige/demi-tige Arbre ou arbuste à tronc ou tige principale d'au moins 2 m de hauteur sous les premières branches, 1,50 m pour la demi-tige.

Variété Dans la classification des végétaux, groupe de plantes étroitement apparentées classé après l'espèce. On utilise couramment le terme variété au lieu de cultivar.

Variété ancienne Souvent rares, ces variétés sont pleines de saveur ou présentent une forme ou une couleur originales, et prospèrent à l'échelle d'un jardin. Ce sont généralement des variétés à pollinisation libre, ce qui signifie qu'elles ne sont pas hybridées et n'ont jamais été modifiées génétiquement. Les graines peuvent donc être conservées pour être utilisées dans les années suivantes.

Vivace Se dit d'une plante qui vit plus de deux ans.

Index

Note au lecteur : les numéros de pages en *italique* renvoient à une illustration, ceux en **gras** renvoient à un encadré ou à une entrée principale.

Crédits et remerciements

Les éditeurs souhaitent remercier tous ceux qui ont participé à la réalisation de ce livre en fournissant généreusement leurs produits et leur temps :

Pour les arrosoirs, terreaux, engrais, filets et pots :

Julia Leakey, chez Crocus www.crocus.co.uk ;

Sophie Hedges, chez Garden Trading www.gardentrading.co.uk ;

Victoria Myhill, chez Harrod Horticultural www.harrodhorticultural.co.uk ;

Andrew, chez Hen & Hammock www.henandhammock.co.uk ;

Emma De Maio, chez Stewarts www.stewartcompany.co.uk ;

Nicola Bacon, chez Westland Horticulture www.gardenhealth.com et Marshall Seeds www.marshalls-seeds.co.uk ;

Heather Gorringe et Sandra Montague, chez Wiggly Wigglers www.wigglywigglers.co.uk.

Pour les graines et les jeunes plantes :

Janice, chez Jersey Plants Direct www.jerseyplantsdirect.com ;

David Turner, chez Mr Fothergill's www.mr-fothergills.co.uk ;

Sarah Norman, chez Sarah Raven www.sarahraven.com ;

Francijn Suermondt et Shaun Brazendale, chez Suttons Seeds www.suttons.co.uk ;

Julie Butler, chez Thompson & Morgan www.thompson-morgan.com.

Pour leur aide à photographier leurs pots :

Matthew Wilson, Victoria Kyme, Lucy Roberts et Charlotte Muswell, chez Clifton Nurseries www.clifton.co.uk ;

Mario De Pace, chez RHS Wisley www.rhs.org.uk ;

Jenny Richmond ; Teresa Farnham ; Don Mapp ; Chris Achilleos, chez Marsh Lane Allotments ; Mark Ridsill Smith ; et Andy Male.

Crédits photographiques

(h) haut, (b) bas, (g) gauche, (m) milieu, (d) droite

Toutes les photographies sont l'œuvre de Steven Wooster, sauf :

GAP Photos : 59 bm Zara Napier.

Garden World Images : 95 GWI/Flowerphotos/J. Buckley ; 124 d J. Swithinbank.

Octopus Publishing Group : David Sarton 10-11, 14 hd, 123 b Gabriel Ash/RHS Chelsea Flower Show 2008 ; 24 g ; 83 h ; 130 g ; 131. Torie Chugg 23 m ; 42 h ; 47 ; 48 g et d ; 71 b ; 71 hg. Stephen Robson (Creative Vegetable Gardening) 68.

Suttons Seeds : 88 h ; 118 b ; 119 ; 123 h ; 129 d ; 157 h ; 166 g.

The Garden Collection : 19 Lizz Eddison/design de Philippa Pearson/RHS Hampton Court ; 25 hd Neil Sutherland ; 35 h Bob Kennett-FLPA ; 96 Derek St Romaine.

Thinkstock : Dorling Kindersley RF 20 h ; 31 b ; 70 ; 76 b ; 100 g ; 114 h ; 134 g et d ; 153 b. Goodshoot 74-75. Hemera 26 bg ; 34 g ; 42 b ; 51 ; 69 ; 76 h ; 85 bd ; 114 b ; 160-161 ; 163 g ; 166 d ; 167 g. iStockphoto 8 g et d ; 13 g ; 14 hg et hd ; 16 ; 18 ; 20 b ; 23 h ; 24 d ; 26 bd ; 29 bd ; 30 g et d ; 32 ; 34 d ; 35 b ; 40-41 ; 45 bd ; 46 ; 49 ; 50 ; 52 h et b ; 53 ; 56 h et b ; 57 h et b ; 59 bd ; 61 ; 63 bd ; 64, g, m et d ; 67 bd ; 72 d ; 77 d ; 82 ; 87 bd ; 88 b ; 92 ; 93 b ; 100 d ; 101 ; 107 g et d ; 108 ; 109 h et b ; 112 b ; 113 ; 118 h ; 122 ; 128 h ; 130 d ; 135 h et b ; 138-139 ; 140 h et b ; 141 h ; 142 ; 143 d ; 148 b ; 149 mg et bg ; 153 h ; 156 ; 157 b ; 162 g ; 163 d ; 165 bd. Zoonar 65, 162 d, 167 g.